中华复兴之光
美好民风习俗

端午龙舟大赛

梁新宇 主编

汕头大学出版社

图书在版编目（CIP）数据

端午龙舟大赛 / 梁新宇主编. -- 汕头 ：汕头大学
出版社，2017.1（2023.8重印）
　　（美好民风习俗）
　　ISBN 978-7-5658-2814-0

Ⅰ．①端… Ⅱ．①梁… Ⅲ．①端午节－风俗习惯－中
国 Ⅳ．①K892.18

中国版本图书馆CIP数据核字(2016)第293497号

端午龙舟大赛　　　　　DUANWU LONGZHOU DASAI

主　　编：梁新宇
责任编辑：邹　峰
责任技编：黄东生
封面设计：大华文苑
出版发行：汕头大学出版社
　　　　　广东省汕头市大学路243号汕头大学校园内　邮政编码：515063
电　　话：0754-82904613
印　　刷：三河市嵩川印刷有限公司
开　　本：690mm×960mm 1/16
印　　张：8
字　　数：98千字
版　　次：2017年1月第1版
印　　次：2023年8月第4次印刷
定　　价：39.80元
ISBN 978-7-5658-2814-0

前 言

党的十八大报告指出："把生态文明建设放在突出地位，融入经济建设、政治建设、文化建设、社会建设各方面和全过程，努力建设美丽中国，实现中华民族永续发展。"

可见，美丽中国，是环境之美、时代之美、生活之美、社会之美、百姓之美的总和。生态文明与美丽中国紧密相连，建设美丽中国，其核心就是要按照生态文明要求，通过生态、经济、政治、文化以及社会建设，实现生态良好、经济繁荣、政治和谐以及人民幸福。

悠久的中华文明历史，从来就蕴含着深刻的发展智慧，其中一个重要特征就是强调人与自然的和谐统一，就是把我们人类看作自然世界的和谐组成部分。在新的时期，我们提出尊重自然、顺应自然、保护自然，这是对中华文明的大力弘扬，我们要用勤劳智慧的双手建设美丽中国，实现我们民族永续发展的中国梦想。

因此，美丽中国不仅表现在江山如此多娇方面，更表现在丰富的大美文化内涵方面。中华大地孕育了中华文化，中华文化是中华大地之魂，二者完美地结合，铸就了真正的美丽中国。中华文化源远流长，滚滚黄河、滔滔长江，是最直接的源头。这两大文化浪涛经过千百年冲刷洗礼和不断交流、融合以及沉淀，最终形成了求同存异、兼收并蓄的最辉煌最灿烂的中华文明。

五千年来，薪火相传，一脉相承，伟大的中华文化是世界上唯一绵延不绝而从没中断的古老文化，并始终充满了生机与活力，其根本的原因在于具有强大的包容性和广博性，并充分展现了顽强的生命力和神奇的文化奇观。中华文化的力量，已经深深熔铸到我们的生命力、创造力和凝聚力中，是我们民族的基因。中华民族的精神，也已深深植根于绵延数千年的优秀文化传统之中，是我们的根和魂。

　　中国文化博大精深，是中华各族人民五千年来创造、传承下来的物质文明和精神文明的总和，其内容包罗万象，浩若星汉，具有很强文化纵深，蕴含丰富宝藏。传承和弘扬优秀民族文化传统，保护民族文化遗产，建设更加优秀的新的中华文化，这是建设美丽中国的根本。

　　总之，要建设美丽的中国，实现中华文化伟大复兴，首先要站在传统文化前沿，薪火相传，一脉相承，宏扬和发展五千年来优秀的、光明的、先进的、科学的、文明的和自豪的文化，融合古今中外一切文化精华，构建具有中国特色的现代民族文化，向世界和未来展示中华民族的文化力量、文化价值与文化风采，让美丽中国更加辉煌出彩。

　　为此，在有关部门和专家指导下，我们收集整理了大量古今资料和最新研究成果，特别编撰了本套大型丛书。主要包括万里锦绣河山、悠久文明历史、独特地域风采、深厚建筑古蕴、名胜古迹奇观、珍贵物宝天华、博大精深汉语、千秋辉煌美术、绝美歌舞戏剧、淳朴民风习俗等，充分显示了美丽中国的中华民族厚重文化底蕴和强大民族凝聚力，具有极强系统性、广博性和规模性。

　　本套丛书唯美展现，美不胜收，语言通俗，图文并茂，形象直观，古风古雅，具有很强可读性、欣赏性和知识性，能够让广大读者全面感受到美丽中国丰富内涵的方方面面，能够增强民族自尊心和文化自豪感，并能很好继承和弘扬中华文化，创造未来中国特色的先进民族文化，引领中华民族走向伟大复兴，实现建设美丽中国的伟大梦想。

目 录

龙舟文化

端午起源

　　农历五月初五端午节，是我国最古老隆重的传统节日之一。每到这个节日，举国同庆，民俗盛行，蕴含了深厚的民俗文化。

　　端午节还称为五月节、夏节、浴兰节、女儿节、天中节、诗人节等，是我国几千年来的传统习惯。由于地域广大，民族众多，起源传说很多，充满神秘色彩。

　　屈原的爱国精神和感人诗篇，已广泛深入人心，故人们"惜而哀之，世论其辞，以相传焉"，因此，纪念爱国诗人屈原之说，影响最广最深，占主流地位。

源于百越族的图腾祭祀

相传早在四五千年前，水乡泽国有一个以龙为图腾的民族，他们每年在农历五月初五举行龙图腾祭祀。在祭祀仪式中，有个半宗教半民俗的神人共娱节目，就是举行龙舟竞渡。他们还往水里投粽子，这是献给图腾神的祭品。

在祭祀过程中，乡民们断发文身，以显示自己是龙子的身份。原来这里也有在五月初五用"五彩丝系臂"的民间风俗，这也成为了"像龙子"文身习俗的遗迹。

后来，人们在长江中下游的广大地区，发现了一些新石器时代的一种几何印纹陶为特征的文化遗存。这些遗存的族属，是一个崇拜龙图腾的部族，史称百越族。

百越族的生产工具，大量的是石器，也有铲、凿等小件的青铜器。在作为生活用品的坛坛罐罐中，烧煮食物的印纹陶鼎，是他们所特有的族群标志之一。那么，百越族为什么在五月初五进行龙图腾的祭祀呢？

在古时候，夏历每月初五皆可称端五。北宋李昉、李穆、徐铉等学者奉敕编纂的著名百科全书类丛书《太平御览》的《风土记》中记述：

仲夏端五，端，初也。

也就是说，"端"的意思和"初"相同，初五就称"端五"。端五的"五"与"午"相通，亦称"端午"。按地支顺序推算，五月正是"午"月，又因午时为"阳辰"，"端五"也叫"端阳"。五月初五，月、日都是"五"，故称"重五"，也称"重午"。

作为民间的节日，五月初五这个"重五"的数字有着特殊的意义。古代许多先人认为，在以"十"为足数的系统中，"五"是半数。在天干地支中，"午""戊"也都居中。金木水火土五行，成为人们最基本的自然概念。

在春秋时期，纵横家鼻祖鬼谷子著述的我国最早的军事理论策略

《鬼谷子·阴符篇》有"盛德法五龙"的说法。南朝梁时著名的医药家、炼丹家、文学家，人称"山中宰相"的陶弘景注曰：

五龙，五行之龙。

古老神话传说的五龙中，四条子龙各治东南西北一方，即金木水火四行，父龙居中央而为共主，"五"也就被赋予了帝王的神圣尊荣涵义。这样，初五就成了敬畏龙的日子，而"重五"日就是祭龙的盛大节日，也称为龙节。百越人创立祭祖的龙节，后来人们就称为"端午节。"

在久远的历史发展中，大部分百越人融合到汉族中，其余部分演变为了南方少数民族，端午节就成了全中华民族的节日了。

那么，龙图腾到底是怎么回事呢？它的文化内涵是什么呢？在神话传说中，龙是一种神异的动物。它的长相相当奇特，很像各种动物的集合。

它的身体像蛇一样有麟片且修长，但它的角像鹿一样，耳朵像牛，嘴上有两条像鲤鱼一样的须，也有又大又凸的圆眼睛，还拥有长得像老鹰的爪子，老虎一般的脚掌，背上有鱼鳍，嘴里含有一颗珠子。

因此，龙在人们心中非常厉害，它能在天空中飞行，能在地上爬走，也可以悠游海中，它住在深海里，难得一见。

先秦时期重要古籍，富于神话传说的最古老的地理书《山海经》记载：

> 夏后启、蓐收、句芒等都"乘两龙"。另有书记"颛顼乘龙至四海""帝喾春夏乘龙"。前人分龙为四种：有鳞者称蛟龙，有翼者称应龙，有角者称虬龙，无角者称螭龙。

有人认为，龙是远古炎黄统一中原各部落后，糅合各氏族的图腾而形成的统一形象。传说龙能隐能显，春时登天，秋时潜渊，又能兴云致雨。后来，龙成为了皇权的象征，历代帝王都自命为龙，使用器物也以龙为装饰。龙被中华民族先民作为祖神敬奉，普遍尊尚"龙"，我国汉族人民也经常将自己称作是"龙的传人"。

中华民族普遍认为，龙代表着吉祥和神圣尊贵。在我国历史上的各个朝代，帝王们都称自己为"真龙天子"，这样就使龙也具有了权力的象征。

古代的帝王们和龙是脱离不了关系的，人们普遍认为皇帝是真龙转世，说他们的长相叫"龙颜"，身体是"龙体"，衣服叫"龙袍"等。凡是皇帝用的东西，都要冠上一个"龙"字。其实，皇帝之所以会跟龙扯上关系，还要从远古说起。

远古时期的百越族崇拜龙，认为他们是图腾龙的后代，就将龙尊奉为本氏族的标志、象征和保护神。图腾作为人类最古老的文化一直都在流传着。

有关龙图腾起源的传说也特别多，比较流行的说法是，以蛇为原型的综合图腾。在《伏羲考》和《端午考》等有关神话学研究的重要论著中认为：

龙是一种图腾，并且是只存在于图腾中，而不存在于生物界中的一种虚拟的生物，因为它是由许多不同的图腾糅合成的一种综合体。

　　龙图腾，不论它局部的像马也好，或像鱼、像鸟、像鹿都好，他的主干部分和基本形态却是蛇。这表明在当初众图腾单体林立的时代，内中以蛇图腾最为强大，众图腾的合并与融化，便是蛇图腾兼并与同化了许多弱小单体的结果。

　　在古老的神话传说中，龙图腾还有很多说法，有的认为龙源于马，有的认为龙源于恐龙，还有的认为龙源于蜥蜴、鳄鱼等。但是，这些都不可信。

　　那么，龙图腾到底是由何而生的呢?还得从最早的祭祀说起。

　　我国的祭祀文化起源较早，大约至少已经有8000多年了，甚至更加久远。人们都知道，我们中华文明起源于黄河中下游。原始人面对着肆虐的黄河，产生了无比的敬畏！认为黄河是由神来主宰，于是祭河神开始渐渐兴起，成为我国重要的祭祀活动之一。

　　传说，人们祭河神都要献上很多祭品，一开始是用牲畜作为祭品，诸如蛇、鹿、牛、马、虎、熊等。祭祀的过程中，人们惊异的发

现，如果把这些作为祭品的动物组合起来，正好是一条完整的龙形象！

就这样，形成了龙的最初形象，也可以说，龙的形象起源于祭祀，祭祀文化的兴起略早于龙图腾的崇拜。在人类漫长的历史发展中，龙的形象不断演化，这是由于祭祀文化多元发展造成的。

祭祀初始是祭河神，后来又逐步发展到祭天、祭海等。

人们用来做祭品的动物种类越来越多，被不断的添加到龙的形象中去，龙也不断被神话为上天入海无所不能的吉祥物，逐渐形成了对龙图腾的崇拜。

龙的形象虽然有很多种变化，但是蛇身却作为龙的主体形象一直存在，也是中国龙形象构成的基础。

龙的传说历史悠久，商代甲骨文中已有结构完备的"龙"字，龙的图案和传说更可追溯到遥远的史前文化。人们推测，以蛇为图腾的部落不断战胜、融合其他部落，逐渐形成了华夏大民族。

在我国传统的习俗中，龙是吉祥的象征。在辽阔的神州大地上，以龙为名的山川城池不计其数，以龙为号的亭台楼阁举不胜举，与龙有关的民俗比比皆是。

古老的中华民族先人，尊奉龙是神灵、权威的象征。龙的崇拜由来已久，已成为中华民族先民心中神圣的图腾。人们普遍认为，在远古时代，人们崇拜龙，每年的五月初五都要祭祀龙图腾，久而久之就形成了民俗风情，这便是端午节的起源。

在远古图腾时代最早的传说中，尧生在伊祈山。尧母庆都出生时，有黄云覆在她的身上，成年常有龙跟着她。既而阴风四合，怀有身孕，14个月生尧于丹陵。

端午节祭祀龙图腾，希望每个人都能成为一条中华龙。"龙能大能小，能升能隐；大则兴云吐雾，小则隐介藏形，升则飞腾于宇宙之间，隐则潜伏于波涛之内。龙乘时变化，犹人得志而纵横四海。龙之为物，可比世之英雄。夫英雄者，胸怀大志，腹有良谋，有包藏宇宙之机，吞吐天地之志者也。"

以龙为图腾，称为中华民族是"龙的子民，炎黄子孙，龙的传人"，其鲜活的文化内涵无与伦比。对中华民族的复兴发展意义深远重大。

知识点滴

爱国诗人屈原悲愤投江

在春秋时期，楚国有一个大臣叫屈原。他于公元前340年出生在秭归，他自幼勤奋好学，胸怀大志。

他早年受楚怀王信任，任左徒、三闾大夫，常与楚怀王商议国事，参与法律的制定，主张章明法度，举贤任能，改革政治，联齐抗秦，提倡"美政"。

在屈原的努力下，楚国的国力有所增强。但是，他的性格十分耿直，在修订法规的时候不愿听从上官大夫的话，再加上楚怀王的令尹也阻止楚怀王接受屈原的意见，楚怀王便开始对屈原产生了罅隙，疏远了屈原。

屈原虽遭谗被疏，但他始终以国家

的兴亡、人民的疾苦为念，希望楚怀王幡然悔悟，奋发图强，做个中兴之主。他明知忠贞耿直会招致祸患，但却始终"忍而不能舍也"。

他明知自己面临着许许多多危险，他完全可以去别国寻求出路，但他却始终不肯离开楚国半步。表现了他对国家的无限忠诚，和他"可与日月争光"的高尚人格与意志。

公元前305年，屈原反对楚怀王与秦国订立黄棘之盟，但是楚国还是彻底投入了秦国的怀抱。屈原也被楚怀王逐出了郢都，开始了被流放的生涯。

屈原被流放到了沅江和湘江流域。在流放中，他写下了忧国忧民的《离骚》《天问》《九歌》等不朽的诗篇。他在诗中抒发了炽热的爱国思想感情，表达了他对楚国的热爱，体现了他对理想的不懈追求和为此九死不悔的精神。

他创造的"楚辞"文体在我国文学史上独树一帜，与《诗经》并称"风、骚"二体，对后世诗歌创作产生了积极影响。

《离骚》是屈原以自己的理想、遭遇、痛苦、热情以至整个生命所熔铸而成的宏伟诗篇，其中闪耀着鲜明的个性光辉，是屈原全部创作的重点。

《天问》是屈原根据神话、传说材料创作的诗篇，着重表现作者的学术造诣及其历史观和自然观。

此外，《九歌》和《天问》等还采用了大量神话和历史传说为素材，其想象之大胆、丰富，十分罕有。除此之外，屈原作品还以一系列比兴手法来表情达意。

他以鲜花、香草来比喻品行高洁的君子。以臭物、萧艾比喻奸佞或变节的小人。以佩带香草来象征诗人的品德修养。

这种"香草美人"的比兴手法，使现实中的忠奸、美丑、善恶形成了鲜明对照，产生了言简意赅、言有尽而意无穷的艺术效果。

在屈原多年流亡的同时，楚国的形势愈益危急。公元前278年，秦军攻破楚国京都，预示着楚国前途的危机。第二年，秦军又进一步深入。屈原眼看自己一度兴旺的国家已经无望，眼看自己的国家被侵略，他心如刀割，但是，他始终不忍舍弃自己的国家。

他也曾经考虑过要出走他国，但他最终还是爱恋故土，在悲愤交加之中，他于农历五月初五，在写下绝笔作《怀沙》之后，抱石投汨

罗江而死，殉了自己的理想。

屈原以自己的生命，谱写了一曲壮丽的爱国乐章。他是我国文学史上第一位伟大的爱国诗人，也是浪漫主义诗人的杰出代表。

作为一位杰出的政治家和爱国志士，屈原爱祖国、爱人民、坚持真理、宁死不屈的精神和他的人格，千百年来感召和哺育着我们无数中华儿女，尤其是当国家民族处于危难之际，这种精神的感召作用就更加明显。

作为一个伟大诗人，屈原的出现，不仅标志着我国诗歌进入了一个由集体歌唱到个人独创的新时代，而且他所开创的新诗体楚辞，突破了《诗经》的表现形式，极大地丰富了诗歌的表现力，为我国古代诗歌创作开辟了一片新天地。

后人因此将《楚辞》与《诗经》并称为"风、骚"。"风、骚"是我国诗歌史上现实主义和浪漫主义两大优良传统的源头。同时，以屈原为代表的楚辞还影响到后来汉赋的形成。

传说屈原投江后，楚国百姓哀痛异常，人们纷纷涌到汨罗江边去凭吊屈原。渔夫们划起船只，在江上来回地寻找打捞他的尸身。

有位渔夫拿出为屈原准备的饭团和鸡蛋等食物，"扑通、扑通"地全部都投进江里，说是让鱼龙虾蟹吃饱了，就不会去咬屈大夫的身体了。人们见后，便纷纷仿效。

　　有一位老医生则拿来了一坛雄黄酒倒进江里，说是要药晕蛟龙水兽，以免伤害屈大夫。后来，人们怕饭团为蛟龙所食，便想出用楝树叶包饭，外缠彩丝，后逐渐发展成粽子。

　　此后，在每年的农历五月初五，就有了龙舟竞渡、吃粽子、喝雄黄酒的风俗，以此来纪念爱国诗人屈原。

知识点滴

　　传说有天晚上，一位老人梦到屈原，就问他："我们给您投去那么多食物，您吃到没有？"

　　屈原说："你们送给我的饭，都让那些鱼虾鳖蟹吃了。"

　　老人问"怎样才不会被他们吃掉呢？"

　　屈原说："你们用竹叶把饭包起来，做成菱角形的尖角粽子，它们以为是菱角就不敢抢着吃了。"

　　可是到了第二年的端午节，尖角的粽子还是被鱼虾鳖蟹给吃掉了。于是屈原再一次给老人托梦，说："送粽子的船要打扮成龙的样子，因为鱼虾鳖蟹属龙管辖，它们不敢吃龙王的东西。" 从那以后，年年端午节那天，人们划着龙船到汨罗江送粽子。这也是端午节吃粽子划龙舟的一种来历。

纪念千古孝女曹娥娘娘

到了东汉时期，端午节的起源又加入了纪念孝女曹娥的说法。

传说在很久以前，浙江上虞古舜江西岸的凤凰山下，有个叫曹家堡的小渔村。村里有个姓曹的渔夫，名为曹盱。他天天都在舜江上捕鱼。他还是一位巫者，善于"抚节安歌，婆娑乐神"。

这位渔夫有个女儿叫曹娥，生得美如天仙，聪明伶俐，是个远近闻名的孝女。

有一年的春夏之交，连绵大雨，舜江洪水暴涨。江上浊浪滚

孝女曹娥

滚，卷起一个个巨大的漩涡，洪水淹没了滩涂。渔人盼大水又怕大水，涨了大水鱼虾多，但洪水汹涌危险大。

按着当地的习俗，每年这个时候，都要在舜江上举行迎祭神仪式。曹盱望着混浊的江水，一定要参加这个重要的仪式。

曹娥望着满天风云，劝爹不要去。

她爹说："我善于安歌乐神，这个仪式每年都参加，只要小心就无事。"

曹娥见爹要去，就央求爹，她要同去，好歹也有个照应。她爹说，女儿不识水性，去了会给他添麻烦的，就不要去了。

哪想到，曹盱去不多时，站在举行仪式的船头，忽然一个巨浪将船掀翻，很多人被翻进滔滔江水中。曹盱还没反应过来，就被卷进漩涡不见了。

曹娥在家不放心，时时盼、刻刻望，只望爹爹平平安安早回家。直到日中太阳过了西，还不见爹爹回家来。

她一次次跑到江堤上去望，但见江水茫茫，掀起层层恶浪，却不见爹爹。曹娥心里不安，她沿江向上游走三里，转身又朝下游走六里，还没见到爹。

太阳快落山头了，曹娥急得拼命叫："爹爹，爹爹啊……"

喊声招来了几个她爹的伙伴，他们个个衣衫湿淋淋的，大家见了曹娥都叹气，告诉曹娥说，他们一起突然被洪涛推进漩涡，你爹让水冲走了。

曹娥一听吓出了魂灵，大叫一声"爹爹"，拔脚朝下游追去。

年仅14岁的曹娥痛失慈父，于是她昼夜不停地哭喊着沿江寻找。到7天时，曹娥脱下衣裳投入江中，对天祷祝说："若父尸尚在，让衣服下沉。如已不在，让衣服浮起。"

这句话刚说完，眼看衣服就沉没了。曹娥随即纵身投到江里，寻找父亲去了。

5日后，也就是五月初五这一天，已溺水身亡的曹娥，竟背负着父

亲的尸体浮出了水面。众乡亲惊异，哀其孝女，就纷纷出资买棺木，将她尸葬于江东。孝女曹娥的坟墓，一直矗立在浙江的绍兴。

曹娥虽然死了，但她却能找回父亲的尸首，把他负到江堤边。她的孝心感动了天，更感动了四周的乡亲，他们又在曹娥跳水救父的江边，给她塑了雕像，尊她为"孝女娘娘"，后来人们把曹娥寻父出水的地方就叫做曹娥村。

到了151年，人们为纪念曹娥的孝行，再将曹娥改葬在江的西岸道路旁，此事迅速传扬开去，轰动了朝野。这时，有个原在皇帝身边当郎中的官，派到上虞当县令，名叫度尚。他为官清正，体察民情，对曹娥投江救父的事迹非常感动，于是就上报朝廷，将其封为了孝女。

舜江历史悠久，相传是虞舜避丹朱之乱来上虞，率百官治江害而得名。这是一条名震东南亚的大江。汉桓帝为纪念曹娥的孝行，就将舜江改名为曹娥江。

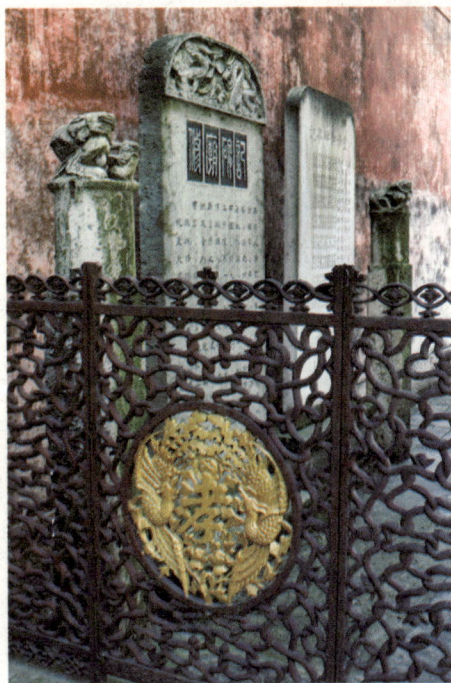

人们怀念孝女曹娥，为弘扬她的孝道，在浙江省上虞市曹娥江畔建起一座曹娥庙。相传，曹娥江不管怎样水急潮猛，还是江水奔腾咆哮，一到曹娥庙前面，立即变得无声无息，仿佛愧对孝女，悄悄遁去，过了曹娥庙门口，才敢再发出响声，叫人叹为奇迹。

曹娥庙早年又叫灵孝庙、其文化积淀厚重，艺术品位极高，以雕刻、壁画、楹联和书法"四绝"饮誉海内外。

每年曹娥庙都要举行盛大的五月庙会，各省各府都有人来参拜曹娥孝女娘娘，各地香客盈门，盛况空前，逐步演变成端午习俗。

上虞县令度尚又让他有奇才的外甥邯郸淳作碑文。当时年仅20岁的邯郸淳一挥而就，令众人叹服。邯郸淳写完碑文，立碑在曹娥墓旁。这块石碑，便是著名的"曹娥碑"。

碑文为行楷体，文笔生动流畅，在我国书法史上占有重要地位，堪称是曹娥庙的镇庙之宝。

195年，享誉东汉末年的大文学家蔡邕，因为得罪宦官逃到这里。他听说年轻的邯郸淳写碑文竟一挥而成，便赶来观读。他在夜间来到曹娥庙，借着月光，手摸碑文，赞为奇文，就索笔在碑的背面题写了"黄绢幼妇，外甥齑臼"这哑谜式的古禅歌。

后来曹操领兵路过蔡邕的女儿蔡文姬家，见墙壁上挂着曹娥碑图，旁边写着8个大字，于是曹操问蔡文姬，可这位曾经创作过《胡笳十八拍》的著名才女，也不解这8个字的意思。其时曹操的谋臣杨修，看了一会就说已经破译。

好胜的阿瞒要杨修暂且勿言。马行三里，曹操也突然省悟破译，双方核对答案，居然都为"绝妙好辞"4个字。

原来黄绢是有颜色的丝，色旁加丝是绝字。幼妇是少女，女旁的少字即为妙字。外孙是女儿的孩子，女旁子定是好字。齑臼可称为受辛之器，受旁辛字，则是受辛字，即辞字。

蔡邕的这段题词，就成了我国最早的字谜。从此，曹娥庙中的曹娥碑便名扬天下，文人墨客纷纷来这里作文吟诗，临摹碑帖，有的还写诗留念。

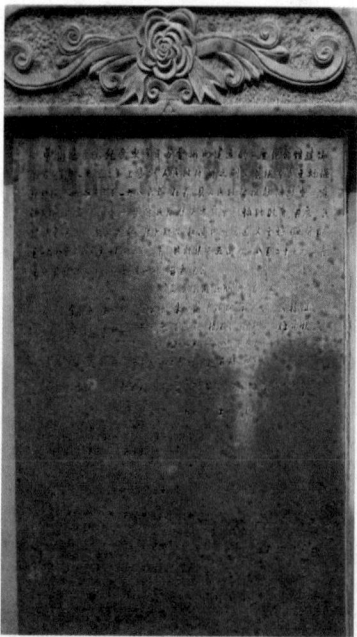

汉代立的曹娥碑，大约在1086年堕江。王羲之也曾重写过碑文，但也失落了。存留下来的这块是宋碑，由王安石之婿蔡卞书写的，碑文共有445个字，字体为行楷体，文人墨客视为瑰宝，是十分珍贵的历史文化遗产。

曹娥江、曹娥碑与曹娥庙成为闻名华夏的旅游胜地与珍贵的历史文化遗产。据史料记载，自宋代以来，历代皇帝对曹娥孝女给予高度赞扬。

1093年，宋哲宗下令建造了高大辉煌的曹娥正殿。1110年封曹娥为灵孝夫人。后来又先后被皇帝加封为昭顺夫人、纯懿夫人，还加封曹娥的父亲为和应侯，她的母亲为庆善夫人等。

1357年，在端午曹娥庙会期间，明太祖朱元璋下令文武百官和地方官都到曹娥庙祭奠，诚意伯刘基亲自撰写诔文，弘扬孝道。

从此以后，曹娥庙的五月庙会，引起官府和民间各方面的高度重视，逛庙会就成为端午节长盛不衰的重要风俗。

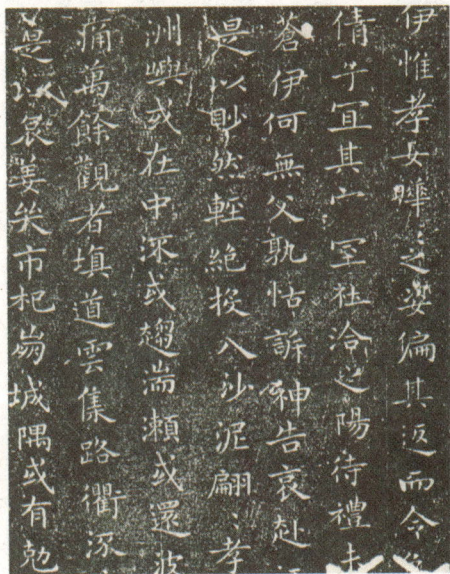

知识点滴

有一个十分奇特的现象，曹娥庙正殿中央矗立着四根红木大柱，取硬币往柱身上贴，有的硬币会被吸住，历久不掉，有的用尽全力也贴不住。

相传庙宇重修时，工匠们为寻取这四根主柱颇费周折，最后还是曹娥托梦给工匠才去南洋找到。由于路途遥远，材料抵沪时离上梁的日期已很近，船主怕误工期，非常担心。

不料从上海至上虞，只航行一昼夜便到达庙前江边，船主大惊，认为是曹娥娘娘的神力所为，不但运输费分文不取，还特地赶制了一只船的模型，悬在暖阁之上，以示纪念和敬慕。

民间传说，硬币被吸住的人是孝子或是孝女，硬币没有被吸住的人不孝顺，必须经常到曹娥庙祭拜以添孝心。

迎涛而上迎接涛神伍子胥

　　在同一时期，端午节也有了纪念伍子胥的说法，依据是东汉邯郸淳在《曹娥碑》上说，每年农历五月初五，浙江上虞的人民都要迎涛而上，迎接伍君，而所谓伍君便是伍子胥。

　　因为千年来，屈原的名气太大，中原一带的人们渐渐把端午作为纪念屈原的节日。而对纪念伍子胥之说，除了江浙一带的人们知晓，其他地区的人们则很少有人知道。

　　伍子胥，名员，楚国人，父兄均为楚王所杀。后来伍子胥投奔吴国，助吴伐楚，入楚都郢

城。当时楚平王已死，伍子胥掘墓鞭尸，以报杀父兄之仇。

吴王阖闾死后，其子夫差继位，吴军士气高昂，百战百胜，越国大败，越王勾践请和，夫差许之。伍子胥建议，应彻底消灭越国，但是夫差不听劝诫。吴国太宰受越国的贿赂，向夫差进谗言陷害伍子胥。夫差相信谗言，赐伍子胥宝剑，令其自杀。

伍子胥本为忠良，视死如归。在死前，伍子胥对邻舍人说："我死后，将我的眼睛挖出悬挂在吴京之东门上，以看越国军队入城灭吴"，随后便拔剑自刎而死。

两年后，越国攻打吴国。八月十八那天，潮水汹涌，江面上鼓乐大作。老百姓看到伍子胥身披战袍，立在潮头，身边还站着4员大将，眼看着吴国兵败覆灭。一炷香后，随着潮水消失。

老百姓都说这是天帝怜伍子胥竭尽忠心，却冤死，便封他为钱塘江涛神。当地百姓为了纪念伍子胥，便在端午这一天，挑选精壮的男子，划着龙舟，敲锣打鼓迎接涛神。

传说，划到第一的龙舟便能接到涛神，那一方百姓这一年便能太

平无事。从此，在端午节赛龙舟的习俗便在这一带流传下来。

伍子胥竭尽忠诚却被冤杀，让人扼腕叹息。在民间百姓的一代代相传中，这位忠贞的贤臣自然也就成了仙，成了神。

平湖乍浦山湾渔村有水仙庙，传说伍子胥死后忠魂不散，成了水仙，千年来保佑着这一方的渔民。伍子胥还化身为涛神，海宁的海神庙，便是用以纪念伍子胥的。

除这些传说外，民间还流传有伍子胥做好事，帮助乡邻驱鬼辟邪，杀蛇除妖。并传授偏方，用粽子箬叶灰治腹泻。

关于伍子胥，在嘉兴民间还有许多传说。相传，当年伍子胥在吴越边界天荒荡一带练兵，在纪目墩牧养战马。那年立夏后，没下过一滴雨，田地干涸，河道枯竭。

在五月初五端午节一早，伍子胥便亲自带了一队人马，到纪目墩一带寻找水源。在一个土墩子边上，他发现有灵芝，于是，便告诉众人："既有灵芝草，必有水源头！"

于是众人在灵芝边挖土至一丈深时，隐隐约约有水渗出来了，可是还没来得及高兴呢，那水竟然又无声无息地隐没了。

见此情状，伍子胥怒发冲冠，他拔出白金剑，纵身跳入深井，用白金剑挖起土来。

说来还挺怪，不一会儿，那泉水就汩汩地冒出来了，但是一收回白金剑，泉水便转眼间消失。

无奈之下，伍子胥留下白金剑，纵身一跃，出了水井，一股清泉随即便冒了出来。

据说，这口井打上来的水，总是特别的清冽甘甜。传说在端午节的正午，打出的井水泡茶酿酒特别的香醇，而且还有治病的奇效。

所以，当地有了这样的谚语，即"午时水洗眸，晚来若乌枭。"

也有的说："午时井水饮一口，胜过补药吃三年。"

传说，在端午节正午时分，还能看到伍子胥那把白金剑的影子。而看到白金剑影的人，这一年就一定无灾无难。

传说端午节是纪念伍子胥的说法源自于苏州。

苏州在春秋战国时期叫姑苏，是吴国的国都。伍子胥被夫差赐死后，悬目于城门，尸首被装入牛皮袋，投入了河中，这天正好是五月初五。

伍子胥含冤而死之后，传说化为涛神，世人哀而祭之，故有端午节。这则传说，在江浙一带流传很广。

民间盛传"子胥死，水仙生"。从此，"祭伍子，迎水仙"就成了吴地端午的重要内容。

后来，伍氏后人都会在端午这天聚集苏州，和百姓争相往河中抛扔粽子，放生泥鳅和河蚌等。

知识点滴

避讳恶日与勾践练水军

在先秦时代，人们普遍认为五月是个毒月，初五是恶日，相传这天邪佞当道，五毒并出。五毒是指蝎子、蛇、马蜂、蜈蚣、蟾蜍，五种毒物是民间盛传的害虫。

据《礼记》记载，端午节源于周代的蓄兰沐浴。《吕氏春秋》中《仲夏记》一章规定，人们在五月要禁欲、斋戒。《夏小正》中记载：

此日蓄药，以蠲除毒气。

《大戴礼》中记载："五月初五蓄兰为沐浴"，以浴驱邪。

认为重五是死亡之日的传说也很多。《史记·孟尝君列传》记载，历史上有名的孟尝君，在五月初五出生。其父要其母不要生下他，认为此日生的孩子，将不利其父母。

东晋大将王镇恶在五月初五生，其祖父便给他取名为"镇恶"。王镇恶，字景略，是东晋时的名将。是前秦丞相王猛之孙，后随叔父归晋。

王镇恶好读兵书，长于谋略，为东晋录尚书事、中军将军刘裕所赏识。曾任振武将军和龙骧将军，随刘裕袭南征北，立下显赫的战功，为击败后秦作出了重要贡献，进号征虏将军。

宋徽宗赵佶，也是五月初五生，因此从小就被寄养在宫外。

可见，古代以五月初五为恶日是普遍的现象。从先秦以后，此日均为不吉之日。这样，在此日插菖蒲、艾叶以驱鬼，薰苍术、白芷和喝雄黄酒以避疫，就是顺理成章的事。并且人们为了避"端五"的忌讳，称之为"端午节"。

在浙江，还有端午节来源于纪念勾践操练水军的说法。端午的龙舟竞渡活动，被认为是为了纪念越王勾践操练水师、卧薪尝胆打败吴国的历史。

在民俗文化领域，后人为昭彰勾践这种坚忍不拔的精神，便效仿越国水师演练时的情景，于五月初五这一天划船竞渡，以示纪念。

越王勾践卧薪尝胆的故事大都耳熟能详。说的是春秋战国时期，公元前496年的时候，吴王阖闾听说允常逝世，就举兵讨伐越国。越王勾践派遣敢死的勇士向吴军挑战，勇士们排成3行，冲入吴军阵地，大呼着自刎身亡。

吴兵看得目瞪口呆，越军趁机袭击了吴军，在檇李大败吴军，射伤吴王阖闾。阖闾在弥留之际告诫儿子夫差说："千万不能忘记越国。"3年后，勾践听说吴王夫差日夜操练士兵，将报复越国一箭之仇，便打算先发制人，在吴未发兵前去攻打吴国。

大臣范蠡进谏说："不行，我听说兵器是凶器，攻战是背德，争先打是事情中最下等的。定会遭到天帝的反对，这样做绝对不利。"

越王说："我已经做出了决定。"

于是举兵进军吴国。吴王听到消息后，动用全国精锐部队迎击越军，在夫椒大败越军。越王只聚拢起5000名残兵败将退守会稽。

吴王乘胜追击包围了会稽。勾践对范蠡说："因为没听您的劝告才落到这个地步，那该怎么办呢？"

范蠡回答说："您对吴王要谦卑有礼，派人给吴王送去优厚的礼物，如果他不答应，您就亲自前往侍奉他，把自身也抵押给吴国。"

勾践说："好吧！"

于是派大夫文种去向吴国求和，文种跪在地上边向前行边叩头说："君王的亡国臣民勾践，让我大胆的告诉您的办事人员，勾践请您允许他做您的奴仆，允许他的妻子做您的侍妾。"

吴王将要答应文种。伍子胥对吴王说："不要答应他。"

文种回越国后，将情况告诉了勾践。勾践想杀死妻子儿女，焚烧宝器，亲赴疆场决一死战。文种阻止勾践说："吴国的太宰嚭十分贪婪，我们可以用重财诱惑他，请您允许我暗中去吴通融他。"

这样，勾践便让文种给太宰嚭献上美女珠宝玉器。嚭欣然接受，就把大夫文种引见给吴王。

文种叩头说："希望大王能赦免勾践的罪过，我们越国将把世传的宝器全部送给您。万一不能侥幸得到赦免，勾践将把妻子儿女全部杀死，烧毁宝器，率领他的5000名士兵与您决一死战，您也将付出相当的代价。"

太宰嚭借机劝说吴王："越王已经服服帖帖地当了臣子，如果赦免了他，将对我国有利。"

吴王听了太宰的谏言，赦免了越王，撤军回国，但要勾践夫妇到吴国为他服役。

公元前492年，勾践将国内事情托付给文种等大臣，带着自己的妻子和大臣范蠡离别越国，亲去吴国作为人质臣服夫差，成为夫差的奴役，侍奉夫差。

勾践抵达吴国都城，夫差有意羞辱他，将他囚在石室里。要他住在阖闾坟前的一个小石屋里守坟喂马，有时骑马出门还故意要他牵马在国人面前走过。

勾践忍辱负重，自称贱臣，对吴王总是恭恭敬敬，谦和有礼。他吃粗粮、睡马房、服苦役。他穿着佣人穿的短裤，头戴着樵夫的头巾，他的夫人穿着没有花边修饰的裙服，右衣襟盖着左衣襟的短衣，小心伺候夫差，做到百依百顺。他每天养马，担水、除粪、洒扫。

时间很快就过去了3年，由于勾践尽心服侍，再加上太宰伯嚭经常接受文种派人送的礼品，而在夫差面前为勾践说好话，使夫差认为勾践已真心臣服，决定放勾践夫妇和范蠡回国。

勾践自从回国后，他卧薪尝胆，立志雪耻，于当年五月初五成立水师，开始操练。

他委托范蠡建城作都，自己每晚睡在柴垛上，深思熟虑，苦心经营，操练军队，治国强兵。他把苦胆挂到座位上，坐卧即能仰头尝尝苦胆，饮食也尝尝苦胆，每天都卧薪尝胆，警世自己莫忘雪耻。勾践不听音乐，不近女色，念念不忘复仇。

勾践对外讨好吴王，不断送礼，给吴王送去西施、郑旦等美女和大量的木材，以削弱吴国的国力，以致这些木材都堆积在灵岩山下的河道里，因此这个地方至今还叫木渎。

对内休养生息，富国强兵，鼓励增加人口，以增强国力，并和群臣一起谋划攻吴之计。始终抚慰自己的士兵百姓。

经过几年的苦心经营，越王勾践的军事实力和国力日益强大。

一天，越国大夫文种说："我观察吴王当政太骄横了，请您允许我试探一下，向他借粮，来揣度一下吴王对越国的态度。"

文种向吴王请求借粮。吴王想借予，子胥建议不借，吴王还是借给越国了，越王暗中十分喜悦。

伍子胥说："君王不听劝谏，再过三年吴国将成为一片废墟！"

太宰嚭听到这话后，就多次与伍子胥争论对付越国的计策，并借机诽谤子胥说："伍员表面忠厚，实际很残忍，他连自己的父兄都不顾惜，怎么能顾惜君王呢？"

太宰嚭在吴王面前再三再四诽谤伍子胥。吴王开始也不听信谗言，于是就派伍子胥出使齐国，听说伍子胥把儿子委托给鲍氏，吴王才大怒，说："伍员果真欺骗我！"伍子胥出使齐回国后，吴王就派人赐给他一把剑让他自杀。于是吴王夫差重用太宰嚭执掌国政。

第四年的春天，吴王到北部的黄池去会合诸侯，吴国的精锐部队全部跟随吴王赴会了，唯独老弱残兵和太子留守吴都。

勾践问范蠡是否可以进攻吴国。范蠡说："可以了"。于是派出熟悉水战的士兵2000人，训练有素的士兵4万人，受过良好教育的地位较高的近卫军6000人，各类管理技术军官1000人，攻打吴国。吴军大败，越军还杀死了吴国的太子。

吴国使者赶快向吴王告急，吴王正在黄池会合诸侯，怕天下人听到这种惨败消息，就坚守秘密。吴王已经在黄池与诸侯订立盟约，就派人带上厚礼请求与越国求和。

越王估计自己也不能灭亡吴国，就与吴国讲和了。过了4年以后，越国又攻打吴国。吴国军民疲惫不堪，精锐士兵都在与齐、晋之战中死亡。越国大军所向披靡，吴国军队不堪一击，这时候，越王勾践终于打败了吴王夫差，气壮山河，一洗前耻。

最后，吴王自杀身亡，自尽时他遮住自己的面孔说："我没脸面见到伍子胥啊！"

越王安葬了吴王，杀死了太宰伯嚭。

越王勾践能够忍受常人所不能忍耐的耻辱，承受常人所不能承受的苦难，他创下了人类君王史上的奇迹！他苦心励志，发愤强国，创下了以小打大，以弱胜强，以卵击石的人间神话！

勾践卧薪尝胆的典故被称为我国几千年文明史中经典中的经典，勾践的超人意志挑战逆境的精神或许更有重要的人生意义！

勾践的这种忍辱负重、坚忍不拔的奋斗精神是值得学习的。在浙江一带，后人为了纪念他，就在每年的五月初五这天，效仿越国水师演练时的情景，举行龙舟竞渡，这也是端午节来源的一种传说。

端午节的起源还有起源于三代夏至节说，持这一看法的人们提出3

个主要理由：

一是在权威性的岁时著作《荆楚岁时记》中，并未提到五月初五要吃粽子的节日风俗，却把吃粽子写在夏至节中。

至于竞渡，隋代杜台卿所作的《玉烛宝典》把它划入夏至日的娱乐活动，可见不一定就是为了打捞投江的伟大诗人屈原。

二是在端午节风俗中的一些内容，如"踏百草""斗百草""采杂药"等，实际上与屈原无关。

三是在《岁时风物华纪丽》中对端午节的第一个解释是："日叶正阳"，时当中即端午节正是夏季之中，故端午节又可称为天中节。由此端午节的最早起源当是夏至。夏、商、周时期的夏至节，被人们认为是最早提到的端午节。

知识点滴

关于端午节还有另一种传说，相传端午节起源于湖北沅阳县和沙湖一带。据说沅阳县有4位豪杰，自称吉雀子，专门劫富济贫，后被官兵围困四五十天，因粮草断绝，投湖而死。

为了纪念他们，每年的端午，人们就顶着4人的木刻头像游走，沅阳一带仍然还会举行"吉雀子"的仪式。

习俗流布

粽子是端午节的主要节日食品之一。粽子，古称"角黍"，传说是为祭投江的屈原而开始流传的。端午节这一天，民间便互相送粽子作为纪念。粽子是我国历史上文化积淀最深厚的传统食品。

端午节除了吃粽子，还有吃"五黄"、煨蛋等传统。我国许多习俗，都包含着长期积累的生活经验。从五月份的气象、物候，可知端午的五黄和五毒是有一定道理的。

过去人们不知道疾病发生的原因，把生病看成是鬼怪作祟。他们就以挂钟馗像、在孩子额上用雄黄写"王"字，给孩子穿虎头鞋等方法来求安宁。而雄黄酒、艾叶、菖蒲等也确有杀菌解毒的作用。

粽子相关食材的历代变迁

屈原是战国时期的楚国大臣，他积极主张楚国联合齐国，抗击秦国，他的意见没有被楚王采纳，反而被罢了官，发配到边远的地方。

当楚国快要灭亡时，在农历五月初五的这天，屈原投汨罗江自杀了。屈原投江后，楚国人民为了不让江里的鱼虾鳖蟹吃屈原的尸体，就往江里投好吃的食物。

这样年复一年，人民为了纪念这位爱国诗人，每逢端午节那天，便把食物投到江里祭祀屈原。

到了汉代建武年间，有一个长

沙人在晚间梦见了一个人，自称是三闾大夫，三闾大夫就是屈原。

梦中的屈原对他说："你们祭祀的东西，都被江中的蛟龙偷去了，以后可用艾叶包住，用五色丝线捆好，蛟龙最怕这两样东西，这样就不用担心再被蛟龙破坏了！"

人们知道这个梦后，便以"菰叶裹黍"，做成角黍投入江中，并世代相传。

真正有文字记载的粽子，见于晋周处的《风土记》。而流传有序，历史最悠久的粽子则是西安的蜂蜜凉粽子，记载于雍州人韦巨源的《食谱》中。其中写到粽子的特点是：

只用糯米，无馅，煮熟后晾凉。吃时用丝线勒成薄片，浇以蜂蜜与黄桂酱。

据记载，当时人们用菰叶将黍米包成牛角状，称为"角黍"。或用竹筒装米密封烤熟，称为"筒粽"。

东汉末年，以草木灰水浸泡黍米，用菰叶包黍米成四角形，煮熟，因草木灰水中含碱，称为"碱水粽"。

到了晋代，粽子被正式定为端午节食品，这时，包粽子的原料除了糯米之外，还添加了中药益智仁，煮熟的粽子称"益智粽"。

在南北朝时期，又出现了杂粽。米中掺杂禽兽肉、板栗、红枣、赤豆等，品种增多。粽子还用作为交往的礼品，相互馈赠。

到了唐代，粽子的用米，已"白莹如玉"，其形状出现了锥形和菱形。日本文献中就有"大唐粽子"的记载。在唐代，粽子已成为寻常百姓的美味食品，连皇上都爱吃。

当时，长安人常吃一种"百索粽"，这种粽子因外面缠有许多丝线或草索而得名。此外，还有一种叫"九子粽"。九子粽是粽子的一种，即为9只粽连成一串，有大有小，大的在上，小的在下，形状各异，非常好看。九子粽是用9种颜色的丝线扎成，形成五彩缤纷的视觉感受。

九子粽大多是作为馈赠亲友的礼物，如母亲送给出嫁的女儿，婆婆送给新婚媳妇的礼物等，因为粽子谐音"中子"，民间有吃了粽子能得儿子的说法。

唐代大诗人温庭筠，对九子粽也留下了赞美的诗句："盘斗九子粽，瓯擎五云浆。"

唐代另一位诗人郑谷，在一首咏端午节的诗中吟曰："渚闹渔歌响，风和解粽香。"描写小岛上渔家欢度端阳的热闹场面，诗中一闹一香，有声有色，跃然纸上。读之，使人感觉仿佛身临其境，如闻其味。

到了宋代，端午节已成为传统佳节，文人墨客诗句中写到端午节情景、端午节习俗的就更多了。在宋代众多的端午节诗中，不乏直接提到粽子的诗句。

欧阳修写过一组"十二月词"，寄渔家傲调，其一写"五月"的词写道：

五月榴花妖艳烘，绿杨带雨垂垂重。

五色新丝缠角粽，金盘送。生绡画扇盘双凤。

正是浴兰时节动，菖蒲酒美清尊共。

叶里黄鹂时一弄，犹薆松。等闲惊破纱窗梦。

从元稹的"彩缕碧筠粽"，到欧阳修的"五色新丝缠角粽"，足可佐证，从唐至宋，我国民间就有用彩色丝线缠捆粽子的习俗，且一直沿传了下来。

宋朝时，已有"蜜饯粽"，即果品入粽。诗人苏东坡有"时于粽里见杨梅"的诗句。此时，还出现了用粽子堆成楼台亭阁、木车牛马作的广告，说明宋代吃粽子已成为一种时尚。

元明时期，粽子的包裹料已从菰叶变革为箬叶，后来又出现用芦苇叶包的粽子，附加料已出现豆沙、猪肉、松子仁、枣子、胡桃等，品种更加的丰富多彩。到了清代，还出现了"火腿粽子"。

到了后来，粽子更是千品百种，璀璨纷呈。各地的粽子，一般都用箬壳包糯米，但内涵花色则根据各地特产和风俗而定，著名的有桂圆粽、肉粽、水晶粽、莲蓉粽、蜜饯粽、板栗粽、辣粽、酸菜粽、火腿粽、咸蛋粽等，品种繁多，味道极美。

知识点滴

清代乾隆皇帝，端午节在宫中吃了九子粽后，龙颜大悦，赞不绝口，欣然赋诗一首："四时花竟巧，九子粽争新。"清代诗人吴曼云，也写有一首赞美九子粽的诗篇："裹就连筒米宿春，九子彩缕扎重重。青菰褪尽云肤白，笑说厨娘藕复松。"粽子不仅形状很多，品种各异，由于我国各地风味不同，这些粽子均以佐粽的不同味道各异，使得粽子家族异彩纷呈。

粽子不同风味和多种样式

　　每当农历五月初五的早晨，我国各地的家家户户都会吃粽子用以纪念屈原。一般是前一天把粽子包好，夜间煮熟，早晨食用。

包粽子主要是用河塘边盛产的嫩芦苇叶，也有用竹叶的，统称粽叶。粽子的传统形式为三角形，一般根据内瓤命名。

包糯米的叫米粽，米中掺小豆的叫小豆粽，掺红枣的叫枣粽。

枣粽谐音为"早中"，所以吃枣粽的最多，意在读书的孩子吃了可以早中状元。过去读书人参加科举考试的当天，早晨都要吃枣粽。有些地方的人们在孩子参加一些重要考试的早晨，都要做枣粽给考生吃，为了取个吉利而已。

煮粽子的锅里一定要煮鸡蛋，有条件的还要再煮些鸭蛋、鹅蛋。吃过蘸糖的甜粽之后，要再吃蘸盐的鸡蛋"压顶"。

据说，吃五月端粽锅里的煮鸡蛋，夏天不生疮。把粽子锅里煮的鸭蛋、鹅蛋放在正午时的阳光下晒一会再吃，整个夏天不头痛。

端午节包粽子、吃粽子、互赠粽子，一直是浙江宁波人最有代表性的端午习俗。

宁波人包的粽子与别处不同，宁波箬壳粽用的是老黄箬壳或用青竹壳，不像别处用芦苇叶、菰叶、芭蕉叶等裹扎。宁波粽子是稠黏适口的碱水糯米粽，不同于其他地方的白粽子。宁波粽子包扎成棱角分明的四角枕头形，不同于别处的三角形、五角形、六角形；宁波粽子以糯米粽为主，不同于别处以高粱米、黄黏米、黏玉米等裹的。

宁波粽子品种花样繁多，有碱水粽、赤豆粽、绿豆粽、豇豆粽、红枣粽等素粽，也有火腿等荤馅料。粽子煮熟后，剥去箬壳后的四角糯米粽，因碱水浸泡的缘故，晶莹剔透犹如田黄石，清香扑鼻，蘸上少许白糖，吃起来又糯又黏。

过去，宁波有关端午吃粽子的绕口令是这样唱的：

> 一只粽子四只角，解缚脱壳，坷筷割角，白糖一沰，直哒咽落；两只粽子八只角，解缚脱壳，坷筷割角，白糖一沰，直哒咽落；三只粽子十二只角⋯⋯

虽说是计数的童谣，却道出了宁波粽子滑溜爽口的特点。

旧时，端午粽子是主妇们自家裹的，宁波城中曾举办过端午粽子赛会。宁波的巧妇们将在家中预先做好的粽子集聚一堂，供宾客们观赏品评。

粽子的样式有鸳鸯枕、凤头、莲船和石榴，争奇斗艳，令人目不暇接。粽子馅有荤有素，味道有甜有咸，五味杂陈。

最终，评定莲船式样为最佳，该粽长约0.3米，粗如玉臂，内掺白糯米、栗子肉、火腿、鸡丝，外裹箬壳，扎以彩绳，编成"请

尝""端阳"字样，有棱有角，悦目动人。入水煮熟，去箬切片，盛于瓷盆，遍尝亲友，味极鲜美。

吃粽子的风俗，千百年来，在我国盛行不衰，而且流传到朝鲜、日本及东南亚诸国。

由于我国各地的风味不同，粽子主要有甜和咸两种。

甜味粽子有白水粽、赤豆粽、蚕豆粽、枣子粽、玫瑰粽、瓜仁粽、豆沙猪油粽、枣泥猪油粽等。咸味有猪肉粽、火腿粽、香肠粽、虾仁粽、肉丁粽等，但以猪肉粽较多。

此外，还有南国风味的什锦粽、豆蓉粽、冬菇粽等，还有一头甜一头咸，一粽两味的"双拼粽"。

广东粽子个头大，外形别致，除鲜肉粽、豆沙粽外，还有用鸡肉丁、鸭肉丁、叉烧肉、蛋黄、冬菇、绿豆蓉等调配为馅料的什锦粽。

厦门、泉州的烧肉粽、碱水粽很有名。烧肉粽的粽米必选上乘，猪肉则选择五花肉，并先卤得又香又烂，再加上香菇、虾米、莲子及卤肉汤、白糖等。吃时，蘸调蒜泥、芥辣、红辣酱、萝卜酸等多样佐料，香甜嫩滑，油润而不腻。

闽南的粽子分碱粽、肉粽和豆粽。豆粽盛行于泉州一带，用九月豆混合少许盐，配上糯米裹成，蒸熟后，豆香扑鼻，也有人蘸白糖来吃。

浙江嘉兴粽子为三角形，有鲜肉、豆沙、八宝等品种。如鲜肉粽，常在瘦肉内夹进一块肥肉。粽子煮熟后，肥肉的油渗入米内，入口肥而不腻。

在浙江的多数地方，尤其是浙西山区居民的祖祖辈辈，从古至今都有用甜茶煮粽子、煮茶饭、煮茶粥的传统习惯。

北京粽子是北方粽子的代表品种，其个头较小，为斜四角形。北郊农村，习惯吃大黄米粽，黏韧而清香，多以红枣和豆沙为馅。

桂中地区喜包形态酷似枕头的大枕头粽。桂中地区的大枕头粽，一个用上250克至500克米。而桂林地区喜包500克米可做六七个粽子的小枕头粽。

桂林以北，则喜包形态恰似狗头的狗头粽。在粽子包制过程中的配料方面，又各有特色。如桂林人包粽子喜加点碱粉，以煮熟的粽子产生碱香味。

上海的粽子种类多。以杏花楼、新雅为代表的广式粽子，松软而味道浓烈。其外形为底平，呈正方形、五角形，一角向

上，其余伸向四方。

台湾的粽子，样式可谓五花八门，至少有七八种不同的流行做法。台湾粽一直有"北部粽""南部粽"之争，各有爱好者。到底是南部粽好吃还是北部粽好吃？

北部粽主要是将糯米事先调入酱油炒过焖过再加配料包起来，吃起来粒粒分明；南部粽是将生糯米及生花生用水泡开加入配料,再将整个粽子放入锅中用水煮熟,糯米因此软而绵密；口感上，北部粽有嚼感，南部粽有黏性；另外还有台湾客家人常吃的"碱粽"也有一定的支持者。

其他较为著名的粽子还有四川、两湖的辣粽、贵州的酸菜粽、苏北的咸蛋粽。各式各样美味的粽子，既承载了我国的传统食文化，又承载了浓郁深厚的端午节纪念爱国诗人屈原的历史内涵。

知识点滴

粽子是端午节的节日食品，在端午节的前一天，人们便开始相互赠粽子作为纪念，同时也表达自己对对方的美好感情及祝愿。并且，粽子也是我国历史上文化积淀最为深厚的一种传统食品。

人们在选择购买粽子的时候，一定要注意"返青粽叶"。购买粽子时不要贪图颜色鲜绿好看，用传统风干粽叶包制的粽子虽然颜色陈旧暗淡，但更加自然、安全，放心。

风格迥异的节日饮食习俗

在端午节，除了吃粽子，民间还有吃"五黄"的习俗。五黄是指黄瓜、黄鳝、黄鱼、黄酒、咸蛋。

中医认为，端午节在农历的五月初五，是一年中阳气最盛的时候，中午又是一天中阳气最盛的时候，可用五黄的力量，健脾健身，

提升自己的精力。

黄鳝在端午时节，圆肥丰满、肉质鲜嫩，不但味道特别好，而且具有滋补功能。因此，民间有"端午黄鳝赛人参"之说。

在端午节，民间还有吃蛋的习俗。在江西南昌地区，端午节除吃粽子外，还要吃茶蛋和盐水蛋。蛋分鸡蛋、鸭蛋、鹅蛋等。蛋壳涂上红色，用五颜六色的网袋装着，挂在小孩子的脖子上，意谓祝福孩子"逢凶化吉，平安无事"。

在河南、浙江等地农村，每逢端午节这天，家里的主妇都起得特别早，将事先准备好的大蒜和鸡蛋放在一起煮，供一家人早餐食用。有的地方，还在煮大蒜和鸡蛋时放几片艾叶，早餐食大蒜、鸡蛋、烙油馍。这种食法据说可辟五毒，有益健康。

在宁海、余姚及宁波市区，不少家庭依然保留着吃"五黄六白"的食俗。

五黄是指黄瓜、黄鱼、黄鳝、黄蛤、黄梅。各地稍异，水乡吃黄鳝，海滨吃黄蛤，山区吃黄梅，有的用咸鸭蛋、黄豆瓣、枇杷等替代，因地制宜，反正是五样黄字头食物即可。

六白，则是指豆腐、茭白、小白菜、白条鱼、白斩鸡、白切肉，或白酒、白蒜头等。民间认为，吃五黄六白能辟邪解毒。

五黄六白是"上市头"菜肴、瓜果，主打菜是黄鱼，宁波民谚有"五月五，买条黄鱼过端午"之说。在宁波人的心目中，千鱼万鱼的滋味都比不上金灿灿的黄鱼，它是鱼中的王子。

端午的黄鱼个头肥大，不论清炖、红烧、油炸、做羹，味道都鲜美无比。咸齑大汤黄鱼、苔菜拖黄鱼、糖醋黄鱼，都是宁波人的家常菜。

像苔菜炸黄鱼，用面粉拌成糊，将黄鱼肉条蘸裹面糊，入油锅一炸。翡翠般绿的苔菜，黄澄澄的油炸黄鱼，外酥内软，香味浓郁，味道好极了。

从黄鱼背部入刀，剖开成扇形，撒上盐晒干就成了黄鱼鲞。宁波老歌谣《十二月鱼名》有"四月黄鱼晒白鲞"之句，黄鱼鲞送给上海亲戚，是美味的下饭菜。

宁波的黄鳝产于家门口的田塍边，容易捕钓。黄鳝圆肥味美、肉质鲜嫩，佐以韭芽，炒成鳝丝糊辣、爆鳝等，色泽黄亮，清香爽口，为宁波百姓端午宴客时所必备。

黄瓜也是"当令头"蔬果，与虾仁同炒，也可单独冷

拌，鲜嫩清脆。饭后细嚼枇杷，不但应节令，而且有助于消化。

从冯梦龙的《山歌》中，可知在明代，浙北一带的端午节有给小孩子吃煨蛋的习俗。

人们把干燥的蚕豆壳、蚊子草、蛤蟆草点燃，使火盆生烟。当火盆烟火旺盛之时，人们便取出事先准备好的青壳鸭蛋，在蛋壳的一端敲出一个小孔，向孔内塞进一只小蜘蛛，将孔封闭后放进盆里煨烧。

鸭蛋煨熟后，将蛋内蜘蛛取出，即可给孩子们吃。据说孩子吃了这种煨蛋后，可以驱毒，盛夏就不会生痱子。

在端午节，民间有饮蒲酒、雄黄酒朱砂酒的习俗，或以酒洒喷。

菖蒲是多年生草本植物，生在水边，地下有淡红色根茎，叶子形状像剑，肉穗花序。根茎可做香料，也可入药。蒲酒味芳香，有爽口之感，后来又在酒中加入雄黄、朱砂等。

雄黄酒是端午节的美酒。作家汪曾祺在《端午节的鸭蛋》中提到过雄黄酒，文中说：

喝雄黄酒。用酒和的雄黄在孩子的额头上画一个"王"字，比作猛虎，以威邪魅。这是很多地方都有的。

旧时几乎家家酿雄黄酒，但多为男人饮，有些会喝酒的女人也饮些，小孩不能喝，大人就用手指蘸酒在小孩面庞耳鼻手心足心涂抹一番。至今，我国不少地方都有喝雄黄酒的习惯。

其实，传统的饮雄黄酒习俗是一种恶俗。雄黄的主要成分是硫化砷，砷是提炼砒霜的主要原料，喝雄黄酒等于吃砒霜。雄黄还含有较强的致癌物质，即使小剂量服用，也会对肝脏造成伤害。因此，服用雄黄极易中毒，轻者恶心、呕吐、腹泻等症状，甚至出现中枢神经系统麻痹、意识模糊、昏迷等，重者则会致人死亡。

古时的老百姓为了驱邪、解毒，将中医学上针对实证采用雄黄的攻下疗法，误解为雄黄有驱邪作用，还把中医学上的解疮毒误解为雄黄可以解除或排出体内的毒物。

可见，人们不仅不能自制雄黄酒，就是含有雄黄的药品，也应当在医生指导下使用。

但是，如在雄黄里加入艾叶、熏草等原料制成香包，供妇女和儿童佩戴，可起到杀除病菌、消除汗臭、清爽神志的作用。同时，雄黄、艾叶、熏草都能散发出一种奇异的香味，可使蛇虫嗅之远遁。

在广西宾阳，逢端午时便有一包包的药料出售，包括雄黄、朱末、柏子、桃仁、蒲片、艾叶等。人们浸入酒后，再用菖蒲艾蓬蘸洒墙壁角落、门窗、床下等，再用酒涂小儿耳鼻、肚脐，以驱毒虫，求小儿平安。

关于在端午节饮朱砂酒的习俗，明代冯应京《月令广义》记载："初五用朱砂酒，辟邪解毒，用酒染额胸手足心，无会虺，蛇之患。又以酒墙壁门窗，以避毒虫。"此俗流传较广。

在广州，端午节有吃龙舟饭的习俗。据说吃过龙舟饭，便会"龙精虎猛、顺风顺水"。所以，每年到端午节，广州一些村落的村民们就会聚集起来，一齐吃龙舟饭。

讲究的龙舟饭里有道主菜称为"龙舟菜"，用料是辣椒、黄豆、豆角、芹菜、大头菜和猪肉丝。由于扒龙舟会被水花溅湿身体，因此龙舟菜可以驱湿气。其他菜式包括寓意"红皮赤壮"的烧肉以及鸡、鹅、粉丝等，共有10个菜。

讲到粉丝，从五月初一开始，每次吃龙舟饭之前，村里的长辈都会把一些粉丝、虾米及一些瓜菜分给小孩，寓意他们长高长大。

此外，龙舟菜还包括粉葛扣猪肉、冬瓜粉丝虾米、酸姜炒鸭肾、茄子蒸家鱼、蚝油炒菜心、冬菇红枣蒸鸡、白菜薏米冬瓜香鸭汤等，都是美味的佳肴。

白娘子和许仙在西湖小船上认识以后，你喜欢我，我喜欢你，过不几天，两个人便结了亲。

端午节那一天，家家户户门前挂起菖蒲艾叶，地上洒遍雄黄药酒。金山下边的长江上，还要赛龙船，路上人山人海，热闹非常，许仙就要求白娘子一道去看赛龙船。

看龙舟赛的人都得喝雄黄酒，白娘子人缘又那么好，大家都给她敬酒，实在推托不下去，只好勉强喝两口。白娘子不胜酒量，有点醉意。许仙只好让他回家。

白娘子到家醉过去了，现了原形。许仙看完龙舟赛，回家到楼上，看见一条蛇尾在白娘子身下，吓得惊叫起来，立时晕死过去。

白娘子被惊醒了，急忙收敛了蛇态。这才有了白娘子讨灵芝草救许仙的故事。

知识点滴

经验衍化而成的基本风俗

　　我国的许多习俗，都包含着长期积累的生活经验。从五月份的气象、物候，可知端午的五黄和五毒是有一定道理的。

　　这些端午习俗都是我国的古代人民在艰苦的生存环境中积累的宝贵生活经验。

贴五毒点蚊烟的风俗。在端午这一天，人们有在门上、窗上贴纸剪的五毒剪纸的习俗。

五毒是指蝎子、蜈蚣、毒蛇、蛤蟆和壁虎。人们认为，把五毒图像贴在墙上，是表示要把它们钉死在墙上，以为这样做了，五毒就不会为害了。

在端午的午时，人们还在室内点起蚊烟。据说，这样就能保证夏夜无蚊蚋骚扰了。蚊蚋，古人将食人血的蚊子叫蚋，食植物汁的蚊子叫蚊。

在端午时，还有佩健人风俗。健人，是旧时江浙一带妇女佩戴的一种饰物。一般用金银丝或铜丝金箔做成，形状为小人骑虎，亦有另加钟、铃、缨及蒜、粽子等的。用来插在妇女发髻，也用以馈送。

健人一说是与艾人同一意思，只是以帛易艾。据说有驱邪辟疫的作用。一说即古时的步摇，纯为妇女用的装饰品。

端午节饰戴艾虎的风习，在我国已经有千年以上的历史。艾虎，是旧时端午节驱邪辟祟之物，也作为装饰品。

我国古代视虎为神兽，认为可以镇祟辟邪、保佑安宁。艾虎或以艾编剪而成，或剪彩为虎，粘以艾叶，佩戴于发际身畔。

宋代的尚书祠部郎陈元规《岁时广记》引《岁时杂记》记载：

端午以艾为虎形，至有如黑豆大者，或剪彩为小虎，粘艾叶以戴之。

这些记载表明，古代端午节戴艾虎风俗的兴盛。

画额也是端午节的风俗之一。画额就是在端午节时，以雄黄涂抹小儿额头的习俗，据说可以驱避毒虫。

典型的方法是用雄黄酒在小儿额头画"王"字，一借雄黄以驱毒，二借猛虎以镇邪，因"王"字似虎的额纹，又虎为兽中之王，故以代虎。

清富察敦崇《燕京岁时记》记载：

每至端阳，自初一日起，取雄黄合酒洒之，用涂小儿额及鼻耳间，以避毒物。

除在额头和鼻耳涂抹外，也可以涂抹在他处，用意是一样的。

佩长命缕风俗。长命缕，是端午节时厌胜佩饰。亦称续命缕、续命丝、延年缕、长寿线，别称"百索""辟兵绍""五彩缕"等，名称不一，形制和功用大体相同。

此俗在端午节以五色丝结而成索，或悬于门首，或戴小儿项颈，或系小儿手臂，或挂于床帐和摇篮等处，俗谓可避灾除病、保佑安康、益寿延年。

此类节物的形制大体有：以五色丝线合股成绳，系于臂膀。在五彩绳上缀饰金锡饰物，挂于项颈。五彩绳折成方胜，饰于胸前。五彩绳结为人像戴之，以五彩丝线绣绘日月星辰鸟兽等物，敬献尊长。

配饰长命缕的习俗始于汉代，以后相沿成习。唐宋时，有宫廷赐大臣此种节物之事。史载，唐德宗兴元元年（784年）端午节，宫廷曾赐百索一轴，节日时戴着入宫上朝听政。

长命缕是用五种颜色的丝线捻成，而这五种颜色必须是青白红黑黄。从阴阳五行学说上讲，这五色分别代表木金火水土。同时，象征东西南北中，蕴含着五方神力。

系长命缕也有讲究，可以系在手腕上，也可以系在脚腕上，但是要男左女右，而且一定要在端午节的前一天系好。系线时，孩子们不能开口说话，所以有很多大人是在五月初四的晚上等孩子熟睡后，悄悄地给孩子系上。

系上的长命缕想要摘下也有讲究。长命缕要在端午节后第一个雨天摘下，压在石头下面。大人们说长命缕会在石头下变成一条"圣虫"爬走，灾病也就随着带走了。也有人说摘下的长命缕要放在雨水中被冲走，这样好运也就随之而来。

戴香包，也是端午节风俗。香包又叫香袋、香囊、荷包等，有用五色丝线缠成的，有用碎布缝成的，内装香料，用中草药白芷、川芎、芩草、排草、山萘、甘松、高本行制成。佩在胸前，香气扑鼻。

旧时，嘉兴女子从小由母亲教做针线，不会做针线的，叫"拿不动眼线"，生得再漂亮的女孩子也没人敢娶，被称之"聪明面孔笨肚肠"。所以，端午是姑娘们大显身手的好机会。

在端午节前，姑娘们就开始用五色丝线而缠，或用碎布缝制一种形似荷包的绣花袋，里面放上白芷、川芎、芩草、排草、山奈、甘松、雄黄等中草药，称为香包，或雄黄荷包，佩在身上，可以驱瘟散毒。袋子外面用丝线绣上花卉、鸟兽等图案，十分漂亮，惹人喜爱。

到端午这一天，姑娘们欢欢喜喜地佩在胸前，香气扑鼻，成为嘉兴城乡端午节的一道亮丽的风景。

戴香包也很讲究。老年人为了防病健身，一般喜欢戴梅花、菊花、桃子、苹果、荷花、娃娃骑鱼、娃娃抱公鸡、双莲并蒂等形状的，象征着鸟语花香，万事如意，夫妻恩爱，家庭和睦。小孩喜欢的是飞禽走兽类的，如虎、豹子，以及猴子上竿、斗鸡赶兔等。

青年人戴香包最讲究，如果是热恋中的情人，那多情的姑娘很早就要精心制作一两个别致的香包，赶在节前送给自己的情郎。小伙子戴着心上人送给的香包，自然要引起周围男女的一番评论，直夸小伙的对象心灵手巧，让人好不欢喜。

钟馗捉鬼，是端午节习俗。在江淮地区，家家都悬钟馗像，用以镇宅驱邪。

据说有一年唐明皇自骊山讲武回宫，疟疾大发，梦见两鬼，一大一小，小鬼穿大红无裆裤，偷杨贵妃之香囊和明皇的玉笛，绕殿而跑。大鬼则穿蓝袍戴帽，

捉住小鬼，挖掉其眼睛，一口吞下。

明皇喝问，大鬼奏说："臣姓钟馗，当年武举不第，愿为陛下除妖魔。"明皇醒后，疟疾痊愈。

于是，唐明皇令画工吴道子，照梦中所见，画成钟馗捉鬼的画像，通令天下于端午节时，一律张贴，以驱邪魔。

在端午节，人们还把插艾和菖蒲作为重要内容之一。家家都洒扫庭除，以菖蒲、艾条插于门楣，悬于堂中。

通常，人们将艾、榕、菖蒲用红纸绑成一束，然后插或悬在门上。因为菖蒲为天中五瑞之首，象征驱除不祥的宝剑。

因为生长的季节，菖蒲被视为感"百阴之气"，又因为其叶片呈剑型，被视为插在门口可以避邪。所以，方士们称它为"水剑"，后来的风俗则引申为"蒲剑"，可以斩千邪。

在清乾隆年间，象山人倪象占在《鄞南杂句》中，描述宁波人过端午的情景：

五月端阳老虎描，艾旗蒲剑辟群妖。

雄黄细蘸高粱酒，苍术还须正午烧。

老宁波人一到端午，就要到附近的田野采艾蒿，到河塘拔菖蒲，扎成艾束菖蒲剑，挂在自家的门楣及窗户上。中午要烧苍术，让中草药的清香气味持续均匀地飘浮在每个角落，俗称"蒲剑斩千妖，艾旗招百福"，目的是祈求合家平安。

有的人家还在艾旗下面挂上一个大蒜头。艾叶、菖蒲、蒜头被称为"端午三友"。蒜头象征武器铜锤，与蒲剑、艾旗相配合，攘毒防病、斩妖驱魔、镇宅辟邪。

有的人家还要在门口贴上打油诗：

五月初五端午节，诸虫百毒门外歇。
若要再想钻进来，请等过了重阳节。

据说，宁波人端午插艾叶挂菖蒲这一风俗，是为了纪念唐代武官黄晟，祈求得到黄将军神灵的呵护，永保平安。

关于端午在门上悬挂艾草、菖蒲的习俗，据说还来源于这样一个传说。

相传在唐僖宗年间，黄巢领兵造反。这年五月，黄巢大军兵临邓州城下。黄巢骑马到城外勘察地形，在一个村外的路口，遇见一位年轻妇女，背着一个包袱，一手拉着一个小孩，另一只手却抱着一位年纪较大的男孩，正慌忙逃路。

黄巢以为这个妇女不仁，抽刀欲斩。

后经询问，方知原来大孩子是妇人大哥的遗孤，小孩子是妇人亲生子，她宁愿让自己的孩子受苦，也不愿让侄儿遭罪，为的是不负大哥的托孤之意。

黄巢一听，对这位年轻妇人肃然起敬，认为她是天下少有的义妇，于是挥剑砍下路旁的艾草菖蒲，让她拿回家去挂在门上，并严令将士："进军途中，如遇门挂艾蒲者，必须加保护。"

这位妇人听了，半信半疑。但是她回到城里后，还是把这件事情告诉了左邻右舍。

第二天正是端午节，黄巢的军队攻打邓州城，只见家家户户门上都挂了艾草菖蒲。黄巢果然信守对那位妇人的承诺，领兵离去。

从此，端午节挂艾草菖蒲的习俗，就这样流传下来了。

躲端午，也是端午节的习俗，指接新嫁或已嫁之女回家度节。简称躲午，亦称躲端五。

俗以五月、五月初五为恶月、恶日，诸事多需避忌，因有接女归家躲端午之俗。此俗在宋代似已形成，陆游《丰岁》诗道：

羊腔酒担争迎妇，遣鼓龙船共赛神。

端午雨，也是民间岁时占验习俗。俗信端午节下雨，不吉，反之则吉。这种俗信在宋代就已经存在。

陈元靓在《岁时广记》引《提要录》写道：

五月初五哨，人曝药，岁无灾。雨则鬼曝药，人多病。

此闽中谚语。

端午节预示着炎热的夏天即将来临，动植物生命活动进入鼎盛阶段。农人们经常会根据端午节内雨水节气的应验度，来推测下半年的雨量，进而适时地调整下半年的农事。农谚有：

初一开江雨，初五划船雨，十三、十四磨刀雨，十七、十八洗街雨，二十龙晒衣。

头八无雨二八休，三八无雨种绿豆。

其中的头八为五月初八，二八为五月十八，三八为五月二十八。

整句的意思是说：初八如无雨，十八多半也无雨，如果二十八继续无雨，则预示着下半年为旱年，只适宜种绿豆之类的耐旱作物。

端午节斗草，其起源无考，但是普遍认为与中医药学的产生有关。远古先民艰苦求存，生活单调，暇余以斗虫、斗草、斗兽等为戏自娱，及至传说的"神农尝百草"形成中医药学后，每年端午节，人们到郊外采药，插艾门上，以解溽暑毒疫，衍成定俗。

在收获之余，往往举行比赛，以对仗形式互报花名、草名，多者为赢，兼具植物、文学知识之妙趣。

儿童则以叶柄相勾，捏住相拽，断者为输，再换一叶相斗。白居易《观儿戏》诗写道：

弄尘或斗草，尽日乐嬉嬉。

南北朝时称"踏百草"，唐代称"斗草"或"斗百草"。《刘宾客嘉话》写道：

唐中宗朝，安乐公主初五斗百草。

宋代扩展至平日随时可斗。历代文人作品中对此多有描述。

北京故宫博物院藏有一幅《群婴斗草图》，其玩法大抵如下：比赛双方先各自采摘具有一定韧性的草。把花轴相互交叉成"十"字状，并各自用劲拉扯，以不断者为胜。 这种以人的拉力和草的受拉力的强弱来决定输赢的斗草，被称为"武斗"。斗草除有武斗外，还有文斗。所谓文斗，就是对花草名。

斗草多为车前草，车前草是多年生草本植物，多生路边、沟 旁等处。具绿白色疏生花，雄蕊4枚。果实成熟后会如盖子般掀开，释出4颗至6颗棕黑色种子，其长长的花轴，是用来斗草的好材料。

在古代，端午还有有射箭之戏。至明代时，人们还把鸟雀贮于葫芦中射之，以决射技。

打马球也是端午的习俗之一。马球，就是骑在马上，持棍打球，古称击鞠。

三国曹植《名都篇》中有"连翩击鞠壤"之句。唐代长安，有宽大的球场，唐玄宗、唐敬宗等皇帝均喜打马球。章怀太子墓中《马球图》，画出了唐代马球的兴盛。只见画上，20多匹骏马飞驰，马尾扎结起来，打球者头戴幞巾，足登长靴，手持球杖逐球相击。

在端午节，各地也有属于自己的独特习俗。在北京有游天坛的风俗。《帝京景物略》写道：

　　　　五月初五之午前，群入天坛，曰避毒也。过午后，走马坛之墙下。无江城系丝段角黍俗，而亦为角黍。无竞渡俗，亦竞游耍。

上海还有钟馗赛会，由一男子饰成钟馗，手挥宝剑，前举一纸糊蝙蝠，做"喝福来迟"状，跟随全副仪仗，穿行街市，以做驱祟。

在宁波地区，有送端午担垫矮凳脚的习俗。宁波旧俗，有对象的男青年要在端午挑"端午担"送女方家。

在端午一大早，只见田塍上远远近近走着肩挑箩筐的后生，这可不是收旧货兑麦芽糖的，而是虔诚地向未来的丈人家去"进贡"的。他们的后面跟着许多拍手踩脚的孩子们。

按礼节，丈人丈母要把部分节货作为回礼货送还女婿家。如果是新媳妇，回礼中会有雏鸡，寓意"早生贵子"。

游百病，是盛行于贵州地区的端午习俗。男女老幼往野外游玩，穿新衣，路上山上或树下挤满人群，手抱花草，非常快乐。

晚上回家后，将花草和水煮开洗澡，老年人称为"游百病"及"洗百病"。当地民间认为，不出去游百病及洗百病的人，一年到头都不会获得吉利。

一直以来，台湾有三大民俗节日，即寒冬时的春节、金秋的中秋节以及充满初夏气息的端午节。

台湾的端午节，小孩儿一定都玩过一个游戏，那就是"立鸡蛋"：谁能在端午节当天正午整点，把一个鸡蛋立起来，就能得到好运。一般认为端午节正午，阳气最重，所以能将鸡蛋立起。这个习俗来由已不可考，可是从小到大都玩得乐此不疲，玩的时候也各出奇招，有点像是一种仪式了。

跟祖国大陆许多地方一样，台

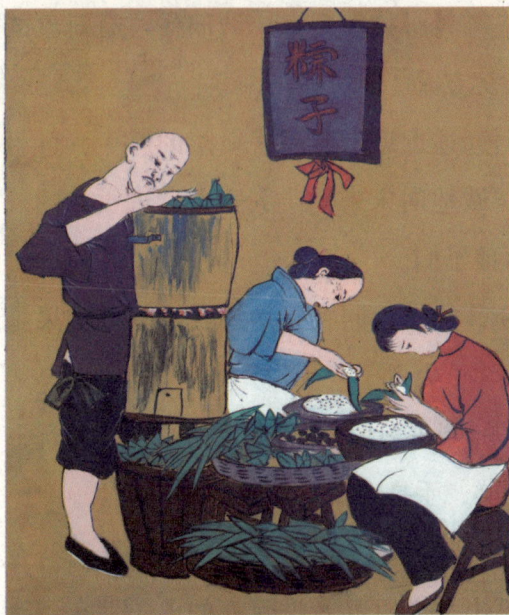

湾端午节都会赛龙舟、喝雄黄酒、门前挂艾草、小孩佩香包、吃粽子。

在台湾端午节有个特殊的习俗，就是取"午时水"，传说当年郑成功收复台湾后，部队一路从南向北，行经台湾中部大甲的铁砧山时已经没水了，可是又找不到水源，郑成功情急之下向上天祈求后，便用宝剑往地上一插，把剑拔起来后果然泉水如涌。

当天刚好是端午节正午，所以这道水便称为"午时水"。午时水这个说法慢慢从台湾中部传开后，每到端午节民众都会到庙的井里或登高去山泉里求"午时水"。

总之，形形色色的端午习俗，让端午节充满了浓郁的节日气氛。

知识点滴

旧时，长沙城内的儿童"火毒甚重，易生疖疮"。因此，端午日长沙城内家庭最注重让小儿败毒。在端午之日，以大蒜子煮片糖，食之，可保孩童一夏难生痱子和疖子。

过去的长沙人家，还常会在端午节的午时把艾叶子、石菖蒲、葛藤、大蒜肉煎水，晾凉，午时把细伢子泡在脚盆中，以保证细伢子在夏天不生痱子，长得乖。更多的人家在端午节时，只是用菖蒲、艾叶、枫球子等熬汤让小儿洗浴，据说可除百病。

蕴含智慧的有益健康活动

端午在古人心目中是毒日、恶日，在民间信仰中这个思想被传了下来，所以才有种种求平安、禳解灾异的习俗。

其实，这是由于夏季天气燥热，人易生病，瘟疫也易流行，再加上蛇虫繁殖，易咬伤人，所以要十分小心，这才形成此习惯。种种节俗，如采药、以雄黄酒洒墙壁门窗、饮蒲酒等，是有益于身体健康的卫生活动。

　　人们在端午节这一天洒扫庭院，挂艾枝，悬菖蒲，洒雄黄水，激浊除腐，杀菌防病。这些活动反映了中华民族的优良传统。

　　在古代，人们疗疾大多靠民间的验方，老百姓也大多能识好些草药。因此每到端午节时，人们便采集各种各样的草药，以备不时之需，于是，就形成了端午采药的习俗。

　　采药，是最古老的端午节俗之一。采药是因端午前后草药茎叶成熟，药性好，才于此日形成此俗。

　　《夏小正》记载：

此日蓄药，以蠲除毒气。

　　《岁时广记》卷 "采杂药" 引《荆楚岁时记》佚文：

五月初五，竞采杂药，可治百病。

　　后魏《齐民要术·杂记》中，有五月捉癞蛤蟆的记载，亦是制药

用。人们还常以癞蛤蟆的唾沫，煎汤过午给小儿洗澡，据说可以减轻痘疮的发病。

在不少地区均有端午捉癞蛤蟆之俗，如江苏在端午日收蛤蟆，刺取其唾沫，制作中药蟾酥。

杭州人还给小孩子吃蛤蟆，说是可以消火清凉、夏无疮疖。还有在当日于蛤蟆口中塞墨锭，悬挂起来晾干，即成蛤蟆锭，涂于脓疮上可使消散。这种捉蛤蟆制药之俗，源于汉代"蟾蜍辟兵"的传说。

五月提取蟾蜍的习俗，文献上所见甚早。《淮南子》写道："鼓造辟兵，寿尽五月之望"。"鼓造"即蟾蜍。也就是说，汉代人捕捉蟾蜍，为的还不是蟾蜍，而是为"辟兵"，蟾蜍何以辟兵？这与古人的信仰有关。

汉人张衡在《灵宪》曾交代月宫中这只蟾蜍的来历：

羿请不死药于西王母，嫦娥窃之以奔月……嫦娥遂托身于月，是为蟾蜍。

由于蟾蜍被编入嫦娥传说，于是也和不死灵丹挂上了钩。《抱朴子·内篇》介绍不死灵药有五种，称"五芝"，其中"肉芝"就是"万岁蟾蜍"。

方术家所传说的五种神芝，色彩各不相同，服之可以长生不死。在《神农本草经》中，记载的五芝为：

赤芝名丹芝，黄芝名金芝，白芝名玉芝，黑芝名玄芝，紫芝名木芝。

据说万岁蟾蜍的神奇，来自头上的角，即肉芝，药力在灵芝以上，是长生不老的仙药。不仅"服之长生"，而且神奇非常：

蟾蜍万岁者，头上有角，颔有丹书八字，五月初五午时取之阴干，百日，以其足划地，即为流水。能辟五兵，若敌人射己者，弓矢皆反还自向也。

这就是《淮南子》讲到的蟾蜍辟兵的来历。

在江南的许多地方，在端午节时有采药、驱狼等传统。俗话说：

五月端午草，百样都是药。
端午节前都是草，端午来到都是药。

　　于是，民间有在端午节这天上山采集地椒、野茶、苣苣、蒲公英、匾蓄、刺蓟等药材，以备单方土法治病之用。

　　湖南湘中一带，在端午日偏重于采集久明光、天泡草、苦瓜叶、马齿苋、蒲公英、苦秣菜、金银花等，以便暑天备用。前三种是洗药，能防疮疖及痱子；后几种是吃药，能防痢、消炎、清肺热。

　　从前，在一些人烟稀少的地方，常有恶狼出没，小孩及家禽被狼叼走的灾祸时有发生。传说，每逢端午这天狼儿子出天花，死亡率高，成活率低，这样狼就难以大量繁衍。人们也乘狼之危，于端午这天，塞封狼窝，烟熏驱狼，以保人畜平安。

　　沐兰汤是端午节的一种卫生习俗。一身着汉服的女性端着一盆艾叶水，人们排好队依次走到主祭面前，主祭用菖蒲草沾盆里的水，在参加活动的人双手、额头、脖颈轻轻拂拭一下，以示驱除晦气。

　　端午日洗浴兰汤，是《大戴礼》中记载的古俗。当时的兰不是现在的兰花，而是菊科的佩兰，有香气，可煎水沐浴。

《九歌·云中君》亦有"浴兰汤会沐芳"之句。《荆楚岁时记》写道："五月初五，谓之浴兰节。"《五杂俎》记明代人因为"兰汤不可得，则以午时取五色草拂而浴之"。

后来，一般是煎蒲、艾等香草洗澡。在广东，则用艾、蒲、凤仙、白玉兰等花草。在湖南、广西等地，则用柏叶、大风根、艾、蒲、桃叶等煮成药水洗浴。不论男女老幼，全家都洗，据说可治皮肤病、去邪气。在北方一些地区，人们喜于端午采嫩树叶、野菜叶蒸晾，制成茶叶。在广东潮州一带，人们去郊外山野采草药，熬凉茶喝，这对健康也很有好处。

旧时，绍兴号称锡半城，锡箔工人多达数万。端午节中午，箔坊主必置五黄酒宴请工人，下午例行休息。锡箔师傅多善饮酒，往往喝得酩酊大醉。主人照例泡有浓茶供他们解醉，端午茶由此而成为不可缺少的"时令茶"，相沿成习。

端午习俗虽然显得有些原始，但是却反映出古人在特定的历史条件下的民间智慧，很大程度上有益于人们的身体健康，其朴素的卫生防疫意识值得我们学习。

流行于山西古县松阳民间的传统保健茶饮，其源上溯于春秋战国时期，因每逢端午佳节，当地的人们就会上山采选百草，晾匮家中常年备饮，以防病健身、美容养颜、防暑解渴、辟秽驱邪而得名。

雄黄酒性剧热，所以饮雄黄酒后必然燥热难当，须喝浓茶以解之。一般人口较多的家庭，总是要泡一茶缸浓茶，来供家人的饮用。

龙舟文化

  "龙舟竞渡"是在战国时代就已有的习俗。战国时期，人们在急鼓声中划刻成龙形的独木舟，做竞渡游戏，以娱神与乐人，此时的龙舟竞渡是祭仪中半宗教性、半娱乐性的节目。

  在两湖地区，祭屈原与赛龙舟是紧密相关的。可能屈原逝去后，当地人民也曾用魂舟送其灵魂归葬，故有此俗。但赛龙舟除纪念屈原之外，在各地人们还赋予了不同的寓意。

具有深厚内涵的龙舟文化

在很久很久以前，广西宾阳邹圩没有河流，只有一条又小又脏的水沟。有一天，有个打鱼人在水沟里网住了一条小蛇。这条小蛇十分奇特，尾部有9片闪耀的鳞片。当鱼人把手触向鳞片时，蛇眼里闪着乞

求的光芒，十分可怜。

渔人顿生恻隐之心，抚了一下它的鳞片，就把它放回了水沟。谁知那9片鳞忽然落了，小蛇长身而舞，化为一条小龙。

原来，它是一条上天的神龙，因触犯了天条，受玉皇大帝处罚，变成这副模样，它的尾巴上被加了9把锁，就是小蛇尾上的9片闪耀的鳞。

玉皇曾言："这锁要打开，除非得到人的阳气。"刚才渔人无意中竟打开了小龙身上的千年枷锁。小龙为了感谢渔人，在水沟里不停地翻动，并从口里不停地喷出水来，灌注在小水沟里。慢慢地小水沟变成了大河，也就是后来的邹圩清水河，河水为邹圩带来了五谷丰登。

为了纪念这条神龙，人们把沿河的村子称为龙头寨、上龙首等名字。在神龙升天这一天，也就是端午节，举行赛龙舟，以示庆贺。

龙舟竞渡作为一种文化，还有一种传说是由龙图腾崇拜的宗教祭祀活动不断发展而来的，后来用以纪念爱国诗人屈原等先贤志士，起到传承我国的古老文化，凝聚民族精神的作用。

远古时在我国南方曾分布着大大小小许多部落，他们大多具有某些共同的文化特征，就是崇拜龙图腾，故被统称为吴越人。吴越人善于驾驶独木舟，他们以蛟龙为图腾。图腾祭祀也就是龙舟竞渡最早的文化遗存。

早在7000多年前，远古先民已用独木刳成木舟，加上木桨划舟。我国较早的文学经典著作《淮南子·齐俗训》记载：

胡人便于马，越人便于舟。

我国最早有关龙舟的记载，见于先秦记述周穆王事迹的古书《穆天子传》：

天子乘鸟舟龙舟，浮于大沼。

在很久以前，南方水网地区的人们就常以舟代步，以舟为生产工具和交通工具。人们在捕捉鱼虾的劳动中，比水产品的收获量。人们在休闲时相约划船比速度，寓娱乐于劳动生产及闲暇中，这是远古竞渡的雏形。

神话传说古代吴越人是以龙为图腾的民族。我国古籍《说苑·奉使》等说吴越之民有"断发纹身""以像龙子"的习俗，这种习俗的文化底蕴来源于对龙图腾的崇拜。

后来吴越人民为表明自己是"龙"的后裔和对龙祖的尊重，祈求龙神来保护生命安全和避免蛇虫之害，每年五月初五这一天，都要举行盛大的龙祭。

他们在祭祀的仪式上，将龙形纹饰在身体上，把乘坐的木船刻画成龙的形状，龙首高昂，龙尾翘起，涂上各种彩色，称为龙舟，龙舟就这样产生了。

这种祭祀活动寄托着人们祈愿像龙图腾那样，让龙的传人得以复兴强大起来，后来人们在龙舟的四角缠上彩旗，彩旗飞舞，青壮年"着彩衣，立龙首"，在急骤的鼓乐声中做龙舟竞渡，赛龙舟的习俗

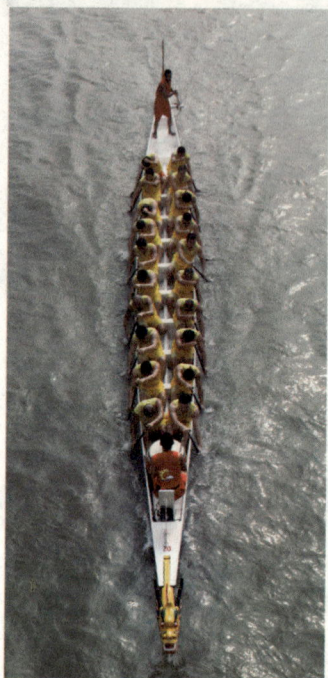

由此开始发展起来。

人们在祭祀龙图腾的节日里，用饰龙的独木舟竞渡，来敬奉欢娱神明龙。在龙舟竞渡的同时，人们将各种装在竹筒中或裹在树叶里的食物，抛给龙神吃。

在这种充满神秘色彩的原始宗教文化活动中，你追我赶的热闹景象，团结拼搏的精神力量，就是龙的传人争取民族复兴的演绎，这就是龙舟文化深刻的内涵，也是龙舟文化最值得传承的意义。

到了春秋时代，人们赛龙舟纪念爱国诗人屈原，或是纪念越王勾践训练水师，卧薪尝胆，以弱胜强战胜吴国的事迹，仍然包含图腾复兴的文化意向。

唐朝张建封的《竞渡歌》在结尾时写道：

须臾戏罢各东西，竞脱纹身请书上。

这时还是称彩衣为纹身。

据晋代司马彪的《后汉书·礼仪志》记述，夏商周龙舟竞渡有些在夏至节举行。自从人们用以纪念屈原，便多在端午节赛龙舟了。

龙舟竞渡源于屈原的最早说法，见于南朝梁人宗懔的《荆楚岁时记》记载：

端午节这一天，龙舟竞渡，众船齐发，表示赶去拯救屈原的意愿。在水上击鼓鸣锣，是为了驱赶欲食屈原躯体的蛟龙。

传说屈原是在五月初五投江殉国。古人以五月为多灾之月，初五又是犯忌的日子，常以这一天为哀悼纪念的日子。

在汉代以后相当长的时间里，以龙舟竞渡纪念不同的忠臣孝女，在不同的地区并存着。

在四川，南宋以后的一段时期，为纪念唐代安史之乱时保卫成都有功的浣花夫人，每逢四月十九她的生日，便由地方官率众游锦江。

到了宋代，朝廷追封屈原为忠烈公，并下诏将五月初五定为"端午节"，谕令各地官府组织诸如赛龙舟之类的活动，以纪念屈原。

后来，历代的人们就在端午节举行龙舟竞渡和吃粽子一起来纪念

屈原，这也就成为端午节固定的习俗了，使人们误以为龙舟起源于纪念屈原。

这种情况的出现，并不是偶然的。因为屈原忧国忧民的襟怀，直言敢谏的品格，对反动势力和险恶形势不妥协、不退让的斗争精神以及出污泥而不染的高尚情操，在我国数千年的历史中，是上自宫苑君王，下至乡野百姓，一致公认的崇高道德典范。

屈原深厚的爱国主义精神，具有其他忠臣孝女无法抗衡的力量，这种力量蕴藏于我们全民族集体意识的深处，融汇在我们中华民族精神的心理素质、审美意识、伦理观念以至民族精神的精髓之中。

屈原精神与龙舟文化的结合，使龙舟竞渡这种古老的习俗获得了新的含义，注入了新的精神。

相传在屈原所投的汨罗江两岸人民，每年端午节龙舟竞渡时，他们往往点上蜡烛，抬着龙头，先到"屈子祠"去祭拜一番，然后一声炮响，众船竞飞，表达他们对先哲的哀思。

在正式竞渡开始时，气氛十分热烈。唐代诗人张建封《竞渡歌》写道：

两岸罗衣扑鼻香，银钗照日如霜刃。

鼓声三下红旗开，两龙跃出浮水来。

棹影斡波飞万剑，鼓声劈浪鸣千雷。

鼓声渐急标将近，两龙望标且如瞬。

坡上人呼霹雳惊，竿头彩挂虹霓晕。

前船抢水已得标，后船失势空挥桡。

这些诗句淋漓尽致地写出了龙舟竞渡的壮观景象。妇女们平时是不出门的，此时也争着来看龙船，银钗耀日。鼓声、红旗指挥下的龙舟飞驰而来，棹如飞剑，鼓声如雷。终点插着锦绮彩竿，作为标志。

赛龙舟除了纪念屈原之外，不同区域的各民族人们还赋予了不同

的寓意。

　　江浙地区划龙舟，兼有纪念当地出生的近代女民主革命家秋瑾的意义。夜晚，在龙船上，张灯结彩，来往穿梭，水上水下，情景动人，别具情趣。

　　贵州苗族人民在农历五月二十五至二十八举行"龙船节"，以庆祝插秧胜利和预祝五谷丰登。云南傣族同胞在泼水节赛龙舟，纪念古代英雄岩红窝。不同民族、不同地区，划龙舟的传说有所不同。

　　在很长的历史时期，南方不少临江河湖海地区，每年端节都要举行富有自己特色的龙舟竞赛活动。赛龙舟，除了比赛速度外，还有其他一些活动。比如龙舟游乡，是在龙舟竞渡时划着龙舟，到附近熟悉的村庄游玩、集会。

　　有时龙舟还有各种花样的划法，具有表演的含义。如广州的龙舟，挽手用桨叶插入水中，再往上挑，使水花飞溅。船头船尾的人有节奏地顿足压船，使龙舟起伏如游龙戏水一般。

浙江余杭县龙舟,有的是让人把龙尾踩低,使龙头高翘,船头的急浪便从龙嘴中喷吐出来,如龙吞云吐雨一般。也有的是游船式竞渡。如《淮南子·本经训》记载:

龙舟鹢首,浮吹以娱。

也就是说,人们划着龙船、摇船在水上奏乐、游玩,是一种自娱自乐的活动。

在宋代吴自牧的一部介绍南宋都城临安城市风貌的著作《梦粱录》中记载,南宋杭州有"龙舟六只,戏于湖中"。湖上有龙舟,只是画舫游船的一部分。

在划龙船时,又多有唱歌助兴的龙船歌流传。如湖北秭归划龙船时,有完整的唱腔,词曲根据当地民歌与号子融汇而成,唱歌声雄浑

壮美，扣人心弦，有"举揖而相和之"的遗风。

又如广东南雄县的龙船歌，是在四月龙船下水后唱到端午时止，表现内容十分广泛。流传于广西北部桂林、临桂等地的龙船歌，在竞渡时由众桡手合唱，有人领呼，表现内容也多与龙舟、端午节俗有关，歌声宏远，撼动人心。

随着时代的发展，龙舟活动的内容增多，由单一的竞渡，发展至驾龙舟抢鸭子、造型龙舟游江等。

龙舟文化具有历史长远的悠久性，各族人民独特方式竞赛的民族性，有众多人员参赛和观看的群众性，奋力拼搏的竞争性，以及由此产生的娱乐性等特点。

知识点滴

早在屈原之前，沅陵就有了龙舟。沅陵龙舟发源于远古，祭祀的对象是五溪各族共同的始祖盘瓠。盘瓠曾落户沅陵半溪石穴，生六儿六女，儿女互婚配，繁衍成苗、瑶、侗、土、畲、黎六个民族。

盘瓠死后，六族人宴巫请神，为其招魂。因沅陵山多水密，巫师不知他魂落何处，就让各族打造一只龙舟，逐溪逐河寻找呼喊，以至演变成后来的划船招魂的祭巫活动。沅陵龙舟起源5000年前，比纪念屈原的说法要早了3000多年。

绽放异彩的传统制作工艺

　　龙舟是做成龙形或刻有龙纹的船只。民间用来竞渡的龙舟与皇家龙舟不可比肩，一般都做得较为窄小狭长，以利于赛事。

  传说古人出于对龙的崇拜，历代在龙舟的制作上都相当的讲究，显示出传统工艺的精湛。他们在龙舟制作的时候，是按龙舟竞渡的特点不断创新完善的。

  古代龙舟的结构、取材、大小、长短、形制，龙舟的人数，桨手的培训和挑选等，文献上少见全面的记载，直至明朝的《武陵渡考略·渡考》中才有了较为详尽的记述。

  在《渡考》中，虽然有龙舟的大小尺寸，却没有形象的图画。但是却可以和最早的宋代龙舟图联系起来理解。

  到了宋代，龙舟种类的多样化，出乎了人们的想象。他们制造较大型的龙舟，有多层的楼台亭阁，豪华非常，当是天子所乘的龙舟。其余龙舟也有大小不同，或8桨，或10桨，都是可以竞渡比赛的。

  龙舟与普通船只不太相同的地方，就是大小不一，桡手人数不一。广州黄埔、郊区一带制造的龙船，长33米，船上有100人，桡手80

人。南宁的龙舟就不一样了，长20米，每船约50人。湖南汨罗县制作的龙舟又是不同，长16米至22米，桡手24人至48人。福建福州制作的龙舟长18米，桡手32人。

各地制造的龙舟一般都是狭长和细窄的，他们在船头饰龙头，船尾饰龙尾。龙头的颜色有红黑灰等色，均与龙灯的头相似，姿态不一。一般以木雕成，加以彩绘，也有用纸扎、纱扎的。龙尾多用整木雕，上刻鳞甲。

很多龙舟上还有锣鼓和旗帜或船体绘画等装饰。如广东顺德龙舟上饰以龙牌、龙头龙尾旗、帅旗，上绣对联、花草等，还有绣满龙凤、八仙等图案的罗伞。一般龙舟没有这么多的装饰，多饰以各色三角旗、挂彩等。

古代龙舟也很华丽，如画龙舟竞渡的元人王振鹏所绘的《龙池竞渡图卷》，图中龙舟的龙头高昂，硕大有神，雕镂精美，龙尾高卷，

龙身还有数层重檐楼阁。如果是写实的，那么，就可以证明古代龙舟的精美了。

《点石斋画报·追踪屈子》绘画的芜湖龙船，也是龙头高昂，上有层楼。有的地区龙舟还存有古风，很艳丽。

据记载，古代西湖上的龙舟，约十五六米长，头尾高翘，彩画成龙形；中舱上下两层，船首有龙头太子和秋千架，均以小孩装扮，太子立而不动，秋千上下推移；旁列弓、弩、剑、戟等"十八般武艺"和各式旗帜。尾有蜈蚣旗，中舱下层敲打锣鼓，旁边坐水手划船。

潮汕的龙舟有多种样式，正规的龙舟有龙头、龙颈、龙尾。龙身半圆而长，宽1.4米至1.6米，长短不一，有容纳12对桨、16对桨、32桨不等，最长的可容52对桨。

龙舟的制作特重视意头的选择。传统的大龙舟全长35米至36米。在龙舟升水和比赛的时间上，也要择好吉日良辰，尾数必定是"1"，寓意拿到第一。

苏州的龙舟分成各色，四角插旌旗，鼓吹手伏在中舱，两旁划手

16人。篙师手执长钩立于船头，称作挡头篙。船头亭上，选面端貌正的儿童，装扮成台阁故事，称龙头太子。船尾高丈余，牵系彩绳，由擅长嬉水的小儿表演"独占鳌头""童子拜观音""指日高升""杨妃春睡"等节目。

龙舟本身就是看点。据《金阊民俗史话》记载，竞渡龙舟：

一般用质地轻巧的杉木制成，长7至11米，也有长至十几米的，宽约一米至数米，前装木制龙头，后装龙尾。大型的龙舟中舱有3层彩楼，高至9米，雕刻或彩绘，十分精细，旗幡绣伞，罗列前后，锦绣满船。

但也有一些贫穷的乡镇，因无力置办龙舟，便用农船或渔船临时改装，用纸扎的龙头龙尾装于木船前后，再用绘满鳞甲的布幔围之，因草草而成，被称为'草龙'。

参赛的龙舟起码是两艘以上，一般有5艘，分为青红黄白黑色，代表东西南北中方，也有6艘或7艘的，至多十多艘。

自古以来，历代在龙舟的制作上都不断改善工艺。端午龙舟一般分为龙头、龙身、龙骨、龙尾4部分，外加桨和舵，

打造出像龙一样形状。这种龙舟扁长、轻巧、两头翘，无桨桩，昂扬的龙头和飞扫的龙尾雕刻得十分精致，油漆彩绘灿然发光。

对龙舟制作要求很高，要请专门的木工师傅，择日开工。据传，过去在动工前还须斋戒沐浴、焚香、拜神，一点儿也不能马虎。

对木料的要求很严格，多数都选用上等的木料，采用大木料来制作。如龙头，一般必须用整块的桧木来雕刻，以求灵气十足。

至于船体，多采用樟木来做，因为樟木能防虫防腐，经久耐用。制作讲究的还用整木将龙尾雕刻出许多鳞甲。制成的龙舟再配以各色浓妆，使龙舟像龙一样栩栩如生。

龙舟的长度很有讲究，广东人造龙舟多取好彩头的尺寸，譬如船长33.88米，寓意"生生猛猛"。龙舟的船身平时多是沉放在河塘的淤泥中，以防干裂，也符合"龙生大泽"的传闻。每年只有到了端午这个时节才会"请龙出水"。

龙舟上装饰最繁杂的当数顺德的鸡公头龙舟。这种龙舟中部有一个神楼，一个大鼓和一个铜锣。龙舟上还有龙头旗、龙尾旗、帅旗和罗伞等装饰。

制作龙舟前要选上乘木材，船身的木材要选上等的杉木，因为杉木轻巧，船不笨重，船速就快一点。船头、船尾用樟木，这种木质比较坚硬。依照民间习俗，樟木被视作神木，通常用来制作祭祀用品。

汨罗江附近区域的龙舟属"飞凫式"类型，制作的龙舟，船身长约24米，中等长约18米，短的12米，船宽一般为1.1米，中有一根纵贯首尾的龙骨木，宽0.57米左右，高约0.6米。

桡子，即龙舟桨叶长，约0.4米，宽0.28米，桡柄长0.7米，有横把手，桡全长约1.1米。桡子不称"把"，而称为"皮"，一般的龙舟为34皮桡子，48皮桡子的称大龙舟。桡子要用樟、杉木制作，每皮桡叶上书写某龙得胜。

龙舟舵称为"招"，是用樟木制作的，呈"橹"状，长4米至5米。撬棍一副两根，每根长约1.9米。锣鼓架于船中舱，鼓为圆柱形，

高0.6米，直径0.4米，锣一面，直径约0.4米。

传说，很多地方制造龙舟有个偷树风俗，在制造龙舟前，首先要偷树。被偷的人家认为，用他家的树作龙舟是吉祥的征兆，发现偷树的要不动真格地追赶。

制作龙舟时，他们将偷来的树选一根最大的架在木马上，龙舟首司请一个木匠掌脉师，选一个黄道吉日，举行发木仪式。

发木时间一般选在子时，制龙舟不像雕龙头那么神秘，但在发木之时，要封禁，除首司和帮手在场以外，其余闲杂人员不准在场，特别是不准女人偷看。

发木仪式大体上与龙头仪式相同，木匠掌脉师要念神咒，反身将斧头劈在树上。首司要顶礼朝拜。发木之后，掌脉师按龙舟划手人数计算下材，由人工锯木计算材料要非常准确，要求是所有划手等人坐在船上，所需之物放在船上，船边的水平线以中点为标准，水平线过低船就慢、水平线过高船就会翻。

制造龙舟的速度非常快，一般不超过3天，有时一天一晚即可。参

加制造龙舟的人员，除掌脉师收包封和一斗米外，其余人等一律不要工资，都要吃自己的饭，主动做事。铁匠钉具都要捐送，体现了一种无私无畏、团结友好的精神。

龙舟制作工艺是中华民族伟大智慧的象征，龙舟文化在制作过程中不断绽放异彩。

龙是中华民族的图腾，我们的祖先笃信龙能主宰一切。每年的农历四五月，吴楚水乡的先民就有在江河里划独木舟以娱龙、祈求龙神保佑的习俗。由此而衍生出后来的赛龙舟。

正是出于对龙和屈原的尊敬和崇拜，汨罗江畔的赛龙舟是一项十分神圣的活动，因而龙舟的打造必须遵循一整套严格的仪式和禁忌。

划龙舟一般由家族或村落推举的龙舟会组织。龙舟会的主要负责人称为"首司"，主要负责决定龙舟活动的大小事宜。龙舟底部的那根木头称主筋木，这根木头一定要用盗来的木材。

人们认为盗物必须跑得快，于是造出的龙舟也定然划得快，别人始终追不上。因为女人小孩跑得慢，所以举行伐木仪式不让女人和小孩参加。

知识点滴

秭归汨罗江纪念屈原龙舟赛

　　屈原的故乡在湖北宜昌的秭归。作为家乡人，在秭归，人们对屈原的缅怀之情尤甚，纪念的方式也胜过其他的地方。

　　在端午节里，屈原家乡人纪念屈原最重要的民俗方式主要有赛龙舟、办诗会和公祭屈原。

　　龙舟竞渡要求很严。龙舟上的桡工人数、穿着都有要求。每船42名划手，按龙舟色着装。桡工们各有分工：龙舟前有站头的，舟后有拖艄的，中间有打腰鼓的。

　　龙舟竞渡是秭归端午节的重头戏。南宋大诗人陆游的《归州重五》，就描述了秭归在当时的端午节龙舟竞渡的盛况：

　　　　斗舸红旗满急湍，船窗睡起亦闲看。
　　　　屈平乡国逢重五，不让常年角黍盘。

　　千百年来，划龙舟一直是屈原家乡秭归的最大的群众性集会，乡亲们非常看重龙舟比赛。端阳节时的峡江屈原沱，锣鼓喧天，鞭炮齐鸣，江上龙舟飞渡，岸上人山人海。

　　秭归划龙舟除场面壮观、竞争激烈外，特别之处是竞渡前还要举行游江招魂。颜色各异的龙舟均竖起"魂兮归来"的招魂幡，以白龙为首的龙舟在江中缓行环游，峡谷中回响起荡气回肠的《招魂曲》：

我哥哟，回哟嗬，听我说哟，

天不可上啊，上有黑云万里，

地不可下啊，下有九关八极。

东不可往啊，东有旋流无底，

南不可去啊，南有豺狼狐狸。

西不可向啊，西有流沙千里，

北不可游啊，北有冰雪盖地。

唯愿我大夫，快快回故里，

衣食无须问，楚国好天地。

两岸的人们都随着游江龙舟的鼓点节奏，深情地唱和着"我哥回哟"，并满怀着崇敬之心，把预先备好的粽子纷纷投入江中。

在秭归，每年都在端午节期间隆重举行公祭屈原的活动，从南北朝一直延续了下来。所谓公祭，就是由官府出面组织的祭屈大典，为区别于民间祭祀而称为"公祭"。

在端午节，即屈原投江殉志的这天，在屈原祠里或屈原祠前的屈原沱江边，用松柏、艾叶扎成大型祭坛，将蒸熟的全猪全羊、瓜果点心及粽子献于屈原灵牌或塑像前，巨大的挽幛上篆书：

屈原大夫魂兮归来。

在婉转凄切的鼓乐箫声中，身着白色孝服的主祭官，如歌如吟

地读着歌颂屈原美德的祭文。数百名学童齐声朗诵屈原的作品《橘颂》，孩子们稚嫩而有活力的诵读声，让整个屈乡充满朝气。

随后，各参赛龙舟队的领头人扛着龙头，向屈原牌位或塑像祭拜，然后是众人依次叩首焚香，祈求当年风调雨顺和五谷丰登。

湖北郧县的赛龙舟活动，可以说是我国端午龙舟的"活化石"。

堵河口位于郧县境内的汉江与堵河交汇处，围绕着韩家洲的两江三岸一渚上分布着许多自然村落，这里的乌家河、堵河口、西流、韩家洲和店子河5个村，自古以来就有龙舟会民间组织。村民们在龙舟会的组织下，每年端午聚集一起开展龙舟会赛事。

这里的龙舟会是世代相传的一种组织，约定俗成居住在村落里的每位村民都是会员，12岁至59岁的男性村民是骨干会员。

龙舟会里只设会首，逐年逐户轮流充当，如果该户没有成年男人，就自动流转到下一户。

每年端午节的傍晚，都有农户到刚参加完赛事的龙船上去"接龙"，把木制龙头、龙尾捧回家，担任下一届会首。

会首的责任就是承担组织赛事的一切活动和支出，在端午节的中午和晚上，要在家里摆酒席招待所有龙舟会的成员，并请村里60岁以上的老人坐上席。

堵河口5个村落所敬奉的龙有区别，乌家河村祭拜乌龙，后来改为黄龙，堵河口祭拜青龙，西流村祭拜黄龙，韩家洲村祭拜青花龙，店子河村祭拜白龙。各村的木雕龙头和龙尾上所施的彩绘和龙舟会旗帜上龙的颜色，都与所信奉的龙的颜色一致。

每到端午节，这几个村的龙舟会就会聚集在一块划龙舟，并且世代相传。

龙舟是各龙舟会公有专用，平时锁在专用的龙舟房内秘不示人，除了端午赛事，不作其他用途，只能在端午节前后上香烧纸钱祭拜后，才能进出龙舟房。

在端午的前两天，会首组织会员打开龙舟房，将龙舟抬到江中浸泡，待到木船吃透水后，再用铁丝打好几道箍。

农历五月初四的上午，各村都要扮船，将龙舟打扮得鲜亮，下午组织人员到江边演船。这一天，无论在外打工还是走亲戚，都要风雨

无阻地赶回家里，参加一年一度的龙舟会。

晚饭后，家家户户到龙舟前的沙滩祭拜许愿。零点过后，要以家庭为单位正式祭龙。堵河岸边鞭炮不绝于耳，午夜时尤盛。

农历五月初五上午，龙舟会赛事活动在乌家河与堵河口之间的堵河江面上进行，下午在西流与店子河之间的汉江江面上进行。5个村的龙舟在锣鼓喧天的江面上参与竞赛，场面异常激烈。

郧县龙舟会是群众自发组织，且数千年来一直流传，完全是原汁原味，把龙图腾崇拜意识保存得非常完好。

湖南岳阳是龙舟运动的发源地，因为伟大的爱国诗人屈原就是在汨罗江以身殉国的，当地人引舟抢救他的行动，后来渐渐演变成了盛大的龙舟竞赛活动。

赛龙舟的习俗代代相传，汨罗江畔的赛龙舟最为隆重。大概是因为屈原在这里沉江的缘故。

每逢端午节，汨罗江畔都要举行竞渡仪式，万人空巷，争相观看。身着新装的人们，点着几十对蜡烛，绕船走3圈，意思是"祭鲁班"。到屈子庙朝拜，抬着龙头祭庙，最后挂红下水开始赛龙舟。

这时，成群龙舟一齐下水，一声炮响，船似箭发，两岸欢呼，鞭炮齐鸣。船分青龙、黄龙、白龙等，不仅船身，就连船上那些旌旗罗伞的装饰，以及桡手们的服装乃至船桨，都为一色。

龙舟上除桡手外，还有指挥者和擂鼓者。指挥者手执令旗，站在船头喊号子领唱。擂鼓者以激昂的鼓声，一方面增加威势，振奋人心，一方面协调桡手们的划水节奏。

比赛时，规定赛场、比赛路线，划定起点和终点，还进行编组、编号和选定负责人，分初赛、复赛、决赛层次。

参赛龙舟有当地的，还有远道而来的外地龙舟队。有的龙舟竞渡在终点还设有投标船，当竞渡的龙舟到达终点时，投标船就将标投入水中，让各船争夺。标又分鱼标、鸭标和铁标等。

每个龙舟上还得挑选一个水性特别好的人，专司夺标之职。系着红布的活鱼标、活鸭标固然难捉，而沉入水底的铁标更非得有好的潜水本领才行。当夺标健儿跃入水中追捉的时候，岸上观众呐喊助威，场面十分壮观。

纪念型的龙舟竞渡，形成于汉魏六朝。吴国人周处《风土记》是最早记录端午竞渡的文献，说明在三国时期，"端午竞渡"就已经成为一种风气。

而记录龙舟竞渡是为了纪念屈原的最早文献，是梁代吴均、宗懔和唐代魏征留下的资料。其中魏徵在《志》中写道："屈原五月望日赴汨罗，土人追至洞庭不见，湖上船小，莫得济者，乃歌曰'何由得渡湖？'因而鼓掉争归，竞会亭上，习以相传，为竞渡之戏。其迅楫齐驱，梢歌乱响，喧震水陆，观者如云，诸郡率然。"

自此，端午竞渡这一民俗统一在"纪念屈原"这个具有凝聚力的主题上。

知识点滴

赛龙舟风俗在各地的盛行

　　我国民间过端午节是较为隆重的，庆祝的活动也是各种各样，其中最主要的活动之一就是赛龙舟。

赛龙舟是端午节的一项重要活动，在我国南方十分盛行。各地各民族之间风俗文化的差异，端午节赛龙舟文化风俗，随着历史的发展不断演进。

在很早以前，陕西安康有赛龙舟。龙舟竞渡就是安康的一种民间民俗活动，长期演绎在汉水流域。

相传以龙为图腾的汉水一带氏族，对以龙形的器物有崇拜之意。秦头楚尾的安康，时而隶属于楚、时而隶蜀隶秦，更变频繁。东汉至南北朝时期归荆州，时而归汉中。

传说在东汉时期，安康第一任郡令就是湖北荆州人氏刘龙。因为荆州地带有划龙舟习俗，这一习俗也因刘龙的到来和倡导而传至安康地域。安康南北朝时期就有关于龙舟的记载。龙舟竞渡自唐代兴盛形成风俗，唐代诗人元稹在《竞渡》诗写道：

吾观竞舟子，因测大竞源。

天地昔将竞，蓬勃昼夜昏。

龙蛇相嗔薄，海岱俱崩奔。

群动皆搅挠，化作流浑浑。

壮哉龙竞渡，一竞身独尊。

拾此皆蚁斗，龙舟何足论。

　　同时，唐代的刘禹锡、白居易和张建封等，均留下龙舟竞渡的诗词。这种习俗自北宋逐渐成为民间水上竞技游乐活动。

　　安康的龙舟竞赛，由于地域和文化方面的联系，尤其与楚境接壤，共饮一江汉水的缘故，很早就已形成风俗。

　　当地人相传，1869年，安康贡生刘应秋被人诬陷参加了反清复明的"复社"组织被捕入狱，后查无实证，才赦还归里，在贫穷潦倒中迎来端午节。

　　那里的男女老少都去观看龙舟赛，刘应秋不愿出门，一个人在家喝闷酒，于是写了《五日》一诗：

烦营情思懒，好意转多违。

乘静闲开卷，闻声似款扉。

无钱忘渡节，有酒不谋饥。

几伴欢相唤，龙舟已过矶。

从这个故事可以真切地反映出，龙舟竞渡早已成为安康百姓广泛参与和热爱的活动。随着时代的演变，龙舟竞渡便开始定形制、定人数，而且还出现由龙舟竞渡引发增设的其他游乐竞标项目。

在古代，安康城区每年农历五月初三至初六举办龙舟赛，连划4日，数十千米内的男女老幼观龙舟，有时形成举火夜赛的盛况。

当时，安康城区一带的龙舟就有真龙和假龙之分。真龙即专门制作供龙舟竞赛的船只，形似黄瓜，雕有龙头龙尾及鳞甲，每年只在端午节赛龙舟时使用，真龙共6条。

假龙是用航运木船筏子临时用彩布装饰而成，固定的有8条，不固定的有13条，总计真假龙舟 27条。小假龙，即混江龙若干，不在计算之列。

除安康城区及旬阳、紫阳、岚皋、白河、石泉县城每年举办龙舟

赛外，沿汉江的如大道河、流水镇、岚河口、月河口、石梯铺、青套湾、吕河口、蜀河、瓦房店等地，也间有赛龙舟的习俗。

龙舟竞渡作为一种民间习俗，它集祭祀、祈福、竞技、斗志、争荣誉为一体，具有一整套的程式和比赛的办法。

传说古代安康祭龙舟分两种方式，一种是有老龙头的先放在龙头的庙里祭祀。凡祭祀的前3日，都要求所有的划手先净身。

祭祀程序一般为先开锣鼓道场，然后由龙头儿敬3炷香，众划手依次敬香完毕，行三叩九拜礼。龙头儿或乡绅念祭文。祭念完后，要唱一些花鼓词，然后由划手护龙头游街、下江。

另一种是龙头安装好进行祭龙，除要求程序与第一种一样，所不同的是头一年胜出的龙舟要由输家的划手敬拜。

敬拜后，本龙舟的划手要绕船三六九圈，然后带上艾蒲头圈，再抬上龙舟游街下江。

龙舟下水仪式相当的隆重，从场面上摆有香几，上面有猪头、羊头、苍蒲、粽子和时令瓜果。从程序上先是鼓乐钟鸣，然后是礼炮。

下水仪式开始，先宰杀一只大公鸡，让鸡血在香案前滴过后，把鸡血顺到江水中，叫"鸡祭江"取意吉祥。有讲究的还要请和尚或道士来诵经。龙舟下水前，龙头儿要喊，划手要和：

> 龙舟下水划呀划，划得鬼神天地怕；龙舟下水拼命划，
> 划得对手喊干达。划呀划，划得江水开银花；划呀划，划得
> 地上结金瓜……

喊完下水号子，众划手把龙舟推下水。龙舟竞赛正式开始。竞赛分上水赛、下水赛、对岸赛、环绕赛、夺标赛、抢鸭赛赛等。

夺标赛分两种，一种是在江中插一竹标旗，先抢到为胜；一种是在江中投一浮标，比较滑，谁先抱上船为胜。另外还有抢鸭子和猪尿泡的。

抢鸭子，就是把鸭子头顶的毛拔掉，再撒上盐粉，把鸭子投入江中，鸭子遇盐疼痛就朝水里钻。所有选手下水抢鸭子，谁抢得多谁为勇士，哪个船抢得多哪个船为胜。

抢猪尿泡，就是用新鲜猪尿泡若干，里面放上银子钱币等，众选

手下水抢，获胜办法与抢鸭子相同。

安康龙舟竞渡，是我国历史上北纬线最高的大江大河的龙舟竞渡。安康与荆楚的龙舟有血缘关系，尤其是屈原曾一度流放汉水流域，使安康汉江龙舟竞渡更具有纪念屈原的文化特征。

苏州也是端午节龙舟竞渡的发祥地之一。农历五月初五，在古老胥门城墙下，苏州人为纪念伍子胥而命名的胥江河上，彩旗飘扬，龙舟待发，吸引众多苏州百姓摇旗呐喊，为健儿们加油鼓劲。

这里每年一度的龙舟赛船，大都是隔年留下来的，但不放置水中，因为这样船身容易腐烂，而是有专门的房间存放。

在端午的前两周，龙船出屋，露天倒放，在阴湿天气刷上油漆。还要准备用猪皮做鼓面的传统鼓，在比赛时使用。

在端午节当天，胥江两岸人潮涌动，家家户户扶老携幼看龙舟竞渡。苏州人把龙舟下水称为出龙，事先要迎神演戏，称为"下水"。

他们在江边搭建5米高的彩台，用作举行舞龙祭龙仪式，拜过涛神伍子胥，比赛就正式开始了。

苏州自古是丝绸棉布的重要产地，机户密布，形成了产业链，有专门的染坊。这些社会底层的手工业者在平时是低调的，可这一天的龙舟赛会，他们团结一心，争标夺魁。

历史悠久的温州孕育了独特的龙舟竞渡文化。端午节划龙舟，在温州民间流行甚广，代代相传。《温州古风民俗》一书中记载：

在温州各地都有龙船，各庙宇设香官神，香官神传说是专管划龙船的神。

据说，每逢端午节，有些地方要做新龙船，四月初一就擂鼓开殿门，祭香官神，开始造船。

各地乡风一般都是五月初一开殿门，祭神后即开划，俗叫"上水"，龙船归去叫"收香"，斗龙结束叫"散河"或"洗巷"，并把河龙船翻转，次日再翻正，抬到庙中保存，还要祭香官神。

在划龙船地区内，各家各户都要出龙船费用，请划龙船的人吃酒，还要放鞭炮，设祭迎接，叫"摆香案"。龙船头各处大同小异。

有的在船身绘画龙鳞，头尾安置活动的龙头龙尾，形状较小，有的船身稍画上几笔龙鳞，亦无头无尾，但形状较大。

每乡龙船，各有固定颜色的旗帜，一乡之内，有几支龙船的话，也要用旗色区分标志。

过去温州南郊南塘河的古老风俗是，蓝色旗，龙头、龙尾和船身都是蓝色，叫"青龙"，相传四方只有东方苍龙七宿称龙，所以青是正色。黄色的叫黄龙。旗白的，船的颜色也是白的，俗称"白龙"。

如是红旗，船身也染红色，叫"红龙"。龙船中没有黑龙，俗说乌龙凶暴，也有说北方玄武是龟，爬得慢，不能斗胜，因此，温州没有黑龙船。

赛龙舟开始，两船竞赛，水逐浪飞，两龙相斗，争夺锦标，各乡河道，各行分段，自为一区，斗龙互不干涉，有大龙地、小龙地的名目。每条龙舟一般包括舵手一人、划手20人，配有一面大鼓，一支唢呐，一把铜锣。鼓手、锣手、唢呐手各一人，专为龙舟擂鼓呐喊。

　　鼓声一响，众人齐出桨，龙舟歌起，和着鼓声、唢呐声，节奏鲜明，铿锵有力，展现在人们面前的是一幅粗犷富有韵律的民族风情。

　　温州龙船人数，额定36人为一槽，就是俗称的"三十六香官"。如果是小龙，船身13档，划船的26人，船面管旗的一人，后梢两人，唱神一人，司鼓两人，掌锣两人，托香斗两人，正合36人。大龙有18档，两旁划船的36人，加鼓、梢、锣、旗、唱神、托香斗6种执事12人，就需48人。

　　划船者穿的衣服一般都是依照旗色。在苍南等地，定为白衣白帽子是悼念屈原。船面上，鼓在最中，两旁划的人要听鼓声，两头是梢桨，就是船舵，靠此端正舵向。俗语说：

鼓是令，梢是命。

锣是听鼓声的，也有鼓动的作用。旗是分明船色，使岸上观众能够辨认。执神杖唱神的，托香斗的，是为了奉香官神，在竞渡中没有作用。

在全温州的划龙船中，永嘉上塘下塘一带的龙船最为出名。斗龙一般在江流湍急的楠溪江中进行，5千米长途，往返10千米。

如果顺潮而下，中途潮涨，或者顺潮而上，中途潮落，都要斗到终点，不能停止。再加上没有换向转手，要一划到底，它的尾端设置梢桨，把梢两人，船头也有两人，以便保持船的首尾平衡。

把梢的两个人立在龙尾，与36把桨一齐行动，有加强速度的极大作用，途中水长逆流，风紧浪急，锣鼓声喧，喊声震天，场面异常壮观。

在历史上，温州龙舟竞渡时还要建一种水上台阁，是温州独有的供观赏用的龙舟，叫"划台阁"，

"台阁"又称"彩舫"，是龙舟的一种。舟长数丈，阔一丈多，龙头龙尾用木头雕刻，须角、眼睛、鳞片等，用彩色油漆或贴金，外

面挂红彩，在阳光映照下，真有"日照龙鳞万点金"之美。

全船划手33人，都穿着锦衣，还雇人在岸上用绳缆牵行。船中乐声悠扬，旌旗飞舞。"划台阁"以梧诞、花柳塘、蝉街等地最著名。

龙舟上搭设亭台楼阁，并有装扮人物和秋千乐队，儿童扮演的《蝉禅拜月》《八仙过海》等戏剧人物。每临端午佳节，装饰一新的台阁，在河面上缓缓游动，非常壮观。

划台阁风俗在清朝同治年间流行，20世纪初期盛行。由于划台阁耗资巨大，地方财力有限，并非年年都办。一般为隔年划，也看收成的好坏而定。

龙舟竞渡具有鼓舞人心、克服困难、勇往直前的精神，得到了人民的喜爱，被广泛流传，历久不衰。

阳江的龙舟具有浓厚的地方特色，每艘龙舟都归属当地神庙或姓氏宗祠，拥有各自的旌旗和称谓，每艘龙舟所属地都设有自己的龙舟协会，负责人被称为"龙种"，"种"为传承的意思。由龙种来负责组织和安排每年的竞渡活动。

到了农历五月初一早，各龙舟协会举行庄重的"祭龙"仪式，给龙头点睛、梳髻、梳须，然后划到附近河埠竹林中采青，接着外出参加竞渡。

阳江的传统龙舟长30.6米，中部宽1.2米，用柚木或梢木建造，龙头高大威猛，舟身油亮乌黑，首尾鳞甲色彩斑斓，长须飘逸，极为威武，全舟共54人。

他们与各地龙舟竞渡习俗不同的是，这里的龙舟一直都沿袭着"逆水赛舟"的竞渡方式，旨在体现一种不畏艰难和奋发争先的龙舟精神，世人称之为"划的是龙舟，赛的是精神"。

龙舟竞渡时，双龙并排逆水而上，锣鼓喧天，水花飞溅，宛如猛龙腾江，十分壮观！

每年的端午节前后，东莞水乡都有赛龙舟的习俗，其中又以万江区、道滘镇、麻涌镇等最有规模。赛龙夺锦，热闹非凡。

东莞的龙船制作十分讲究，多选择坚韧轻便的坤甸木作为龙骨。每年龙舟比赛之后，便将它埋于村边河底处，直至来年的农历四月初八，才由村中父老主持，由青壮农民下水将龙船挖出，肩托上岸，打整涂油，这一仪式叫"起龙船"。

各镇区龙船景的日期和地点，是历史上沿袭下来的，早已形成了

习惯。东莞从五月初一开始，便天天有景，初一万江景，初二西塘尾、道滘、斗朗、蕉利，初三卢村、大汾，初四牛涌尾、槎滘、滘联，直至十六麻涌景，方才告一段落。哪个地方有景，哪里就有划龙舟可看。

划龙舟主要有两种形式，一是划龙船，叫做"趁景"。只表演技巧，不排名次，轮流在各乡举行。另一种形式是斗龙船，比赛夺标，又叫"斗标"。

在南粤大地，还流传着许多关于"扒龙舟"的有趣故事。南海盐步老龙舟长近40米，最大的特点就是老。据记载，盐步老龙舟已经有500多岁了，至今依然可以使用，堪称珠三角各地龙舟的长老。

老龙舟之所以"长寿"，是因为木材选用得好，从诞生开始，老龙舟就用上等的坤甸木制造，后来每隔20年至30年就会大修一次。

盐步老龙舟与泮塘小龙舟，在400多年前曾经结下一段"父子情"。此后，每年的端午节，盐步老龙舟就会穿上全部行头，在两条"护龙"的陪伴下，到广州荔湾探望契仔泮塘龙舟。端午节次日，小龙舟就会到盐步探望老龙舟，两龙舟再次在盐步的水道上操水。

根据传统，泮塘龙舟陪伴老龙舟来回巡游的时候，泮塘龙舟的龙头必定比老龙舟龙头稍微落后，以示老龙地位尊崇。

江门礼乐四面环水，域内河流状如蛛网，因有9个河口进入，历史上有"九龙人洞"之称。据史料记载，早年的礼乐无舟寸步难行，就连乡民农田耕作，也是以舟代步，泛舟江河成了礼乐人的一大专长。久而久之，就形成了"礼乐龙舟竞渡"的传统习俗。

每年的端午节，乡民都会从龙舟坞中扒出龙舟，洗去淤泥，并举行"升水"仪式。端午节当天，"扒节龙"活动在各坊展开，龙舟划到庙宇前"贺庙"，祈求风调雨顺、国泰民安。

更重要的比赛是"出大标"，称"出科"，寓意如同参加科举考试。出大标的赛道长5千米，来来回回6个多回合，整个赛程60多千米，从放龙至收龙，耗时4个多小时，相当于跑了一场马拉松。

礼乐赛龙舟，船上71个"扒丁"全程站着扒，体力消耗特别大。扒丁的选择很严格，要先经过7天的训练，由龙舟头站在岸边观察，直到第五天确定最终选手。像有的民谚说的"水上扒龙舟，岸上有眼看"。一旦被选中扒丁，犹如中了大奖。

礼乐人最讲究"意头"，按照坊间的说法，"圣地出飞龙"，只有出了大人物的坊才能拿到第一。因此，礼乐人都希望拿第一。

赛龙舟是潮汕人民喜爱的活动，历史悠久，明代陈天资在《东里志》写道：

五月初五，水乡竞渡，大城所结彩为龙舟，或以彩纸糊上，各扮故事。

潮汕的龙舟有"假龙"和"真龙"两种，假龙是一种双头尖的"公鸡船"，或称无头臼，没有龙首和龙尾；真龙是有龙头、龙颈、龙身和龙尾，船腹和船舷分别涂上不同的颜色，涂红色挂红须的叫红龙，涂黄色挂黄须的叫黄龙，涂青色挂青须的叫青龙。

潮汕龙舟竞渡前，要分别把龙舟划到他们所奉祀的神庙去拜神，龙首朝庙门，划进划退参拜3次，谓"三参灯"，以祈神庇佑平安。赛后还必须演戏酬答龙神，名曰"压地灵"。

潮汕有些地方在龙舟下水前，要派人送请帖、送"明糖"给附近

的各商家，请他们前来观赏。各商家接到请帖后，要备妥彩标，插于江边。当龙舟经过时，立即点燃鞭炮，并赠送彩标。受赠人把彩标带回家转赠给尊敬的人，以示吉祥如意。

有些地方在龙舟出赛前，要把祭拜的桃李撒向水中，成群小孩在水中进行嬉笑抢夺，称为"抢龙蛋"。他们在龙舟赛前都进行训练。竞赛时，划桨壮汉分坐两边，中间是击鼓总指挥，稍前还有一位打锣的。有些地方还要物色一个10岁至12岁左右的男童"靠龙规"。

一般是当地的富豪子弟，长相标致，按小侠客装饰，扎头巾，束腰带，打绑腿，涂粉脂，穿着艳丽丝绸衣服，斜躺在龙颈上。竞赛时，一边摇着右手的小葵扇，一边配合锣鼓节奏吹哨子。

开赛之前，这个孩子就像戏曲明星一样，被大群红男绿女团团围住观赏。

龙舟竞赛在十分激烈的气氛中进行，舟上的健儿们倾尽全力边划水边呐喊，岸上的观赏者，也为自己村庄的龙舟呼号助威。经过多个回合的角逐后，胜利者夺得标旗，随后演戏及举行酒宴庆祝。

赛龙舟这天，男人们纵身江河，以除病保康。女人们取江河水洗头，说是洗龙舟洁净平安，又能祛头风。同时挑"龙须水"回家贮存、食用。

民间传说，贮龙舟水经久不变质，格外清甜，饮后消灾祛病。清光绪年间的《潮阳县志》记载：

端午酿角黍，且有汲龙船水饮之者。

相传，在江西南昌，端午节观龙舟赛，曾经是民间的一大盛事。每当端午节赛龙舟时，往往万人空巷，沿河两岸人山人海，喧闹欢呼至暮才散。

南昌地区的龙船有两种：一种是用来比赛的，船上不插旗帜，数船并进，擂鼓助威，先到目的地者为胜；另一种是用来夺标的，船上彩旗招展，指挥者腰系红带，手持彩旗，站立在船头指挥。岸上有人用柳枝作标，系上神帛与铜钱，当夺标龙船靠近时，举标的人又跑往

别处，龙船也随着时上时下，忽左忽右，颇为壮观。

每到农历五月初五端午节的清晨，成千上万的人便汇集在潦河两岸，观赏一年一度的龙舟竞赛。各乡村的龙舟随着鼓声冲过来，每只舟上彩旗猎猎，金鼓齐鸣，参赛健儿披红戴绿，雄姿英发。

随着指挥爆竹的一声巨响，各赛船在有节奏的鼓声、锣声、号子声及水手们的"哦、嗬"声中，如射箭般地向上游冲去。整个场面顿时沸腾起来，条条龙舟你追我赶，互不相让，鼓棹相竞力争上游。

岸上观众齐声为龙舟赛呐喊、助威，河面、河岸响成一片。两百多米宽的河面上，红的、黑的、白的、黄的、青的、绿的龙舟在震耳的声浪中奋进，构成一幅色彩缤纷，绚丽壮观的画面。

知识点滴

传说，明朝万历年间有一年端午节珠江龙舟赛，广州及四乡有几十只龙舟踊跃参赛，盛况空前，热闹非凡。

经过初赛、复赛的激烈争夺，最后已经100多岁的盐步龙舟和泮塘龙舟进入决赛。决赛当日，临近终点，盐步老龙舟眼看夺标在即，不料，泮塘龙舟站龙头的人一个鱼跃扑下水去夺了锦旗，随后以冠军名义领了奖品烧猪。

泮塘龙舟队回家乡时，泮塘父老得知详情，觉得夺标应是盐步老龙舟，便派人把烧猪送回盐步。盐步人不肯收下，你送来，我送去，彼此推让数次，情景令人感动。

最后，一位老人站出来说："你们别争了，这样吧，盐步老龙舟有须，泮塘的没须，一个做契爷，一个做契仔。"双方一听欣然答应，从此世代交好。